놀랍도록
길어서
미치도록
다양한

칠레

THE REPUBLIC OF CHILE

놀랍도록
길어서
미치도록
다양한

칠레

민원정 지음

하늘에서 내가 가는 길을 지켜보고 지켜주고 계실

아버지, 어머니

고맙고, 사랑합니다.

뜨거웠다. 몇 번 못 해본 그 어떤 연애도, 칠레살이만큼 뜨거웠던 적은 없었다. 한국이 싫어서 무작정 떠난 곳이었으나, 온전히 나를 바쳐 사랑하고 미워하며 17년을 살았다. 2004년 아무 연고도 없는 나라에서 이곳저곳 이력서를 돌리고, 강의를 시작하고, 매년 프로젝트에 매달리며 벼랑 끝에 집을 짓듯 아슬아슬했지만, 마냥 재미있었다. 칠레를 다녀가신 어느 분의 표현을 빌리면, "무당이 작두 타듯" 신나게 일했다.

운 좋게 나름 에스파냐어권 명문대학 중 한 곳에 자리를 잡았다. 내 전공은 중남미 문학이었지만 한국학 수업을 해야 했던 탓에 미친 듯이 한국에 대해 공부했다. 마치 칠레 사람처럼 바라보는 한국이었다. 한국에 대해 가르친 지 9년 차가 되던 2012년에 아시아를 여행 중이던 제자가 마침 한국에 있다며 소식을 전해왔다. "저는 한국보다 일본에 관심이 많았는데 재미 삼아 들은 교수님 수업에서 한국의 새로운 면을 발견했어요. 비록 교수님이 칠레에서 하고 계신 일이 칠레 사람들의 한국과 한국인에 대한 편견을 모두 바꿀 수는 없겠지만, 적어도 저를 비롯한 많은 학생의 생각은 바꿔놓으셨어요. 우리는 잘 배운 것 같아요." 힘들었지만 똑똑하고 기발하고 창의력 넘치는 학생들의 반짝이는 눈빛과 응원에 기운을 받으며 행복했다.

일도 생활도 안정되어 가자 언젠가 한국에 돌아간다 했던 당연한 마음이 '한국에 갈까? 그냥 칠레에 살까?' 하며 흔들리다가 '안 가면 어때'로 바뀌었다.

그리웠다. 학교에 동양인 교수는 오직 나뿐이었다. 칠레에는 동양인이 드물었다. 어디를 가든 특별하고 신기하고 이상한 존재라는 사실이 슬슬 지겨워졌다. 에스파냐어가 편했고(심지어 가끔은 한국어보다 더 편했다), 칠레인 친구들과도 잘 지냈다. 하지만 가끔 미치도록 한국말이 하고 싶고 한국이 그리웠다. 그럴 때면 인터넷으로 한국 드라마와 온갖 TV 프로그램을 봤다. 칠레에 있는 한국인 교환학생들과 지역 전문가들에게 '밥 이모'를 자청하며 한국말에 대한 배고픔을 달랬다. 매년 2월 여름방학이면 한국에 왔다가도 얼른 칠레 집으로 돌아가고 싶었지만, 정작 칠레 국적을 취득하라는 친구의 말에는 발끈했다. 비 오는 날이면 칠레 사람들은 달착지근한 튀긴 빵을 먹었지만 나는 부침개가 그리웠다. 피곤하고 몸이 안 좋을 땐 얼큰한 찌개가 당겼다. 어차피 칠레에 살 거라면 마음 맞는 짝꿍도 있으면 좋겠다 싶었지만, 나에게 칠레 남자들은 알면 알수록 '남사친'으로 족하다는 생각이 들었다.

돌아왔다. 2019년 10월에 시작해 반년 넘게 이어진 시위 끝에 코로나19 유행까지 덮치며 칠레는 말 그대로 아수라장이 되었다. 시위 발발 이후 외출이 거의 불가능했고, 코로나19 유행으로 산티아고 시내가 봉쇄되면서 한국행 비행기를 탄 2020년 7월 23일까지 꼬박 130일을 집에만 갇혀 있었다. 타국살이는 그 나라가 안정되고 내 밥벌이가 있을 때 살 만하다는 사실을 절감했다. 칠레 산티아고 공항을 출발해 마이애미와 로스앤젤레스를 거쳐 인천까지, 50시간의 여정 끝에 한국에 도착했다. 로스앤젤레스 공항에서 한국 국적기의 날개를 보는 순간, 칠레에 미안할 정도로 반가움과 안도감이 들어 웃음이 났다.

칠레 사람들이 아시아인 대부분을 중국인 취급하며 '치노(chino)'라고 부르는 데 분개하며 살았거늘, 지하철에서 깜빡 졸다 깨서도 주위에 온통 나와 같은 인종의 사람들이 모두 한국말로 이야기하니 신기했다. 그렇게 김치가 먹고 싶었는데 정작 맵고 짠 음식을 먹으니 몸이 부었다. 칠레 음식이 생각나 살사를 만들었는데 토마토도 아보카도도 고수도 칠레에서 먹던 맛이 아니었다. 17년 전 칠레에 도착했을 때 모든 것이 낯설었던 것 이상으로 한국이 너무 낯설어 당황스러웠다. 마치 이방인이 된 것 같았다. 솔직담백한 칠레식 화법에 상대방이 머쓱해 하는 모습을 보면 주눅이 들었다. 칠레에서라면 사생활 침해로 느껴질, 조금 가까워지면 훅 치고 들어와 선을 넘는 한국인들의 모습이 거북했지만, 한국식 '정'이려니 해야 한다고들 했다.

그러나 소매치기 걱정 없고 도착 시간도 알려주는 한국 버스는 내게 신문물 그 자체였다. 음식 배달서비스와 24시간 문을 여는 편의점에 감탄하며, 두부까지 만들어 먹던 칠레살이가 아득해졌다.

궁금했다. 한국인에게 칠레는 어떤 나라일까? 칠레에서 왔다고 하면 어떤 이들은 엉뚱하게 페루의 후지모리 대통령을 말하고 386세대는 아옌데와 피노체트를 떠올렸으며 또 다른 이들은 살사, 탱고, 와인, 돼지고기, 홍어 등 각자가 가진 이미지를 쏟아냈다. 그러다보니 자연스레 나는 중남미 최고 명문대에서 교수씩이나 하고 온 사람이 아닌, 그저 제3세계 남미에 혼자 오래 살다 온 조금 별난 여자였다.

그런데 갑자기 칠레가 리튬 보유국 1위로 화제에 올랐다. 중남미는 자원이 부족한 한국의 원자재 수입 대체 시장으로서 수십 년 전부터 눈길을 끌고 있었다. 그런데 최근 심술 맞은 중국에 대한 자원 의존도를 낮춰야 하는 상황으로 인해 멀어도 가까워져야만 할 곳으로 크게 주목을 받기 시작했다. 그때 유명 유튜브 채널에서 출연 요청이 들어왔다. 감히 칠레를 제대로 알려주고, 칠레를 비롯한 중남미에 대한 편견을 깨보고 싶었다. 구내 박사인 내가 칠레 대학에서 고군분투한 경험을 들려주면 사람들은 어떤 반응을 보일지 궁금했다. 월급쟁이로 살아가면서 칠레 사회를 깊이 알게 되었고, 특히 한국 사람들은 모르는 칠레 엘리트 사회를 경험했으니, 이런 드문 경험을 한 내가 누구보다 자세하고 정확하며 생생한 이야기를 들려주고 싶다는 욕망이 꿈틀거렸다. 태양이 이글거리는 북쪽 사막에는 전 세계 최고의 구리 광산이, 세계에서 별을 관측하기에 가장 좋은 곳이라 알려진 아타카마사막에는 66개의 전파 망원경이 설치된 ALMA 관측소가 있어 한국을 포함해 미국, 유럽, 일본, 중국 등의 투자나 과학자들의 연구 경쟁이 늘상 팽팽하게 펼쳐지는 칠레를 소개하고 싶었다.

마주했다. 한국에 돌아와 칠레에서의 경험을 반추했다. 칠레는 나를 발견하고, 있는 그대로의 나를 바라보고 아끼고 사랑하게 해준 곳이다. 좋아하는 일, 잘하는 일을 마음껏 질펀하게 재주 부릴 수 있게 해준 곳이다. 혹자는 칠레에 남아 중남미 한국학의 대모 자리를 지켜야 한다고 했다. 그러나 나는 열심히, 뜨겁게 최선을 다했기에 칠레를 떠날 때도 미련이 없었다. 내가 있는 곳에서 하루하루를 즐겁게 최선을 다하며 모든 일에는 해결책이 있다는 마음으로 살자, 칠레가 내게 알려준 삶의 지혜였다.

　방송 출연을 하고 책도 쓴다고 하니 칠레의 친구와 제자들이 온갖 정보를 모아 알려줬다. 지구 반대편 한국이 자신들의 나라를 제대로 알아주기를 바라는 마음일 테다. 나 또한 그들의 나라가 오해받거나 폄훼되지 않고 제대로 이해받기를 바란다. 완벽하게 우월한 사람도 국가도 없지 않은가. 한국이 각자의 장단점을 있는 그대로 바라보는 깊이와 용기를 가진 사회가 되기를 바라는 마음으로 감히 이 책을 썼다.

　한국살이가 힘들다 투덜댈 자격이 없음을 안다. 대책 없이 트렁크 두 개를 들고 한국행을 결정했을 때 서울대학교 규장각 국제한국학연구소 덕에 공부하는 흉내라도 낼 수 있었다. 여전히 한국을 떠도는 내게 서울대학교 아시아연구소에서 책상 한 켠을 내어주신 덕에 이 글도 쓸 수 있었다. 휴머니스트에서 손을 내밀어 주신 덕에 이 책을 낼 수 있었다. 도움을 주신 분들을 한 분 한 분 모두 적을 수 없어 죄송한 마음을 전한다. 이 책이 때로는 다정하게 때로는 냉정하게, 내게 칠레를 가르쳐 주고 나를 바라봐 준 칠레 친구, 제자, 동료 들에게 작은 보답이 되었으면 한다.

　카리뇨스(Cariños).

2024년 8월
민원정

차례

비행기 안에서 꼬박 24시간을 버텨야
계절도, 낮밤도 반대인 지구 저편 칠레에 도착한다.
한국과 13시간(서머타임 때는 12시간)
차이가 나는 칠레는 북두칠성이 아닌
남십자성이 보이고 달이 기우는 방향도 다르다.

비행기 창밖으로 웅장한 안데스산맥을 마주하며
공항에 도착하면 계절과 목적에 따라
남으로, 북으로 행선지가 달라진다.
여행자들은 여름에는 남쪽으로, 겨울에는 북쪽으로,
해양과 생물학 관련 종사자는 서·남쪽으로
광산과 천문학 관련 종사자는 북쪽으로 향한다.

Una loca geografía, 미친 지리![1]
칠레는 고작 평균 117킬로미터의 폭에
남북으로는 장장 4,300킬로미터에 달하는
세상에서 가장 길고 좁은 나라다.

전 세계 최고 구리 광산과 리튬 산지가
모여있는 북쪽의 아타카마 사막지대에서 출발해
남쪽 땅끝 혼곶과 남극 빙하지대에까지
이르면 세계 모든 기후를 만날 수 있다.
동쪽에는 높고 험한 안데스산맥이
서쪽에는 이스터섬같이 신비한 섬들이 즐비하다.

놀랍도록 긴 덕분에
미치도록 다양한 풍경과 기후를 자랑한다.

수도 산티아고는 에스파냐 '산티아고 순례길'과는
엄연히 다른 곳이다.
'신대륙'을 정복한 에스파냐 정복자들은
그들이 건설한 도시에 에스파냐 수호성인의 이름을 붙였다.
스페인과 중남미에 같은 이름의 도시가 여럿 있는 이유다.

식민지배의 영향으로 칠레식 에스파냐어를 쓰고,
대부분이 로마가톨릭교를 믿는다.
그래서 독립기념일 만큼 크리스마스와 여러 성인의 축일이
공휴일로 지정될 정도로 중요한 날이다.

현대의 칠레는 모든 면에서 변화 중이다.
어두운 군사독재를 이겨내고 민주화를 이루었지만
정복과 식민 역사에서 기인한 보이지 않는 계급·인종 차별과
신자유주의로 인한 경제 불평등은 여전하다.
하지만 새로운 세대가 변화를 갈망하며
세계와 적극적으로 소통하면서 미래에 대한 희망이 싹트고 있다.

지구 반대편의 멀고 낯선 나라지만
여행, 자원 외교, 비즈니스, 과학 교류 등
우리와 급격하게 가까워지고 있는 칠레를 만나러 떠나보자.

1장

바케다노 광장과
지하철 요금 30원

역사·정치·경제

1 | 기나긴 군부독재가 끝나고

2022년 11월 3일, 가브리엘 보리치 폰트(Gabriel Boric Font) 칠레 대통령이 취임했다. 그는 1986년생으로 칠레 역사상 최연소이자 최초로 영부인이 아닌 '여자 친구'와 취임식에 참석한 신세대 대통령이다. 2019년 10월에 일어난 대규모 시위 이후 극심한 빈부격차에 분노한 대중의 지지에 힘입어 당선된 보리치는 선거 운동 기간에도 취임식 때도, 중남미에 서 최초로 민주주의 선거를 통해 사회주의 정권을 세운 살바 도르 아옌데 고센스(Salvador Allende Gossens, 1908~1973) 전 대통령의 안경과 흡사한 안경을 써서 눈길을 끌었다.

살바도르 아옌데는 의사이자 칠레사회당(Partido Socialista de Chile) 소속 정치인으로, 상·하원 의원과 보건복지부 장관 등을 지냈다. 1970년 인민연합(Unidad Popular) 후보로 대통 령 선거에 출마한 아옌데는 9월 4일 대통령 선거에서 36%의

살바도르 아옌데 고센스 전 대통령(왼쪽)과 가브리엘 보리치 폰트 대통령(오른쪽)

가장 많은 득표율을 얻었지만, 과반수 득표를 얻지 못해 1, 2위 후보를 대상으로 치르는 결선 투표에서 경쟁자였던 호르헤 알레산드리(Jorge Alessandri)를 제치고 대통령에 당선되었다.

　그는 집권 기간 중 사회주의 확립을 위해 노력했다. 의료·교육·복지 등 사회 제도를 재정비하고, 1971년 의회를 통한 구리 채굴 국유화를 시작으로 기초 산업들을 국유화했다. 또한, 에두아르도 프레이 몬탈바(Eduardo Frei Montalva, 1964~1970 재임) 전 대통령이 마련한 농지 개혁안을 바탕으로 대규모 토지를 빠르게 인수, 압류해 재분배하는 등 소득 재분배와 경제 활성화를 강조하는 정책을 실행했다. 하지만 전 정권에서부터 시작된 경기침체는 더욱 악화되었고 산업 국유화에 대한 반발에 미국의 경제봉쇄까지 더해졌다. 1972년 중반으로 접어들면서 극심한 인플레이션(1971년 22.1%,

1972년 260.5%, 1973년 605.1%[1])으로 생산량 저하 등 경제위기가 가속화되었고, 1973년에는 생필품이 부족한 지경에 이르렀다.

1973년 3월 총선에서 야당 연합은 대통령 탄핵에 필요한 의석수 과반을 차지하지 못했고, 인민연합은 43%의 득표율을 얻어 자리를 확고히 했다. 그러나 이후 광산 노조와 화물 운송 노조 등의 파업과 중산층이 주도하는 시위가 이어지고 정치적 혼란이 심해지는 가운데 1973년 9월 11일 군대와 경찰의 주도하에 군사 쿠데타가 일어났다.[2] 아옌데 대통령은 라모네다(La Moneda) 대통령궁이 공격을 당하자 끝까지 저항하다 집무실에서 자살했다. 쿠데타 발생 며칠 후에 대통령 궁에서 발견된 그의 안경은 민주주의의 붕괴와 독재의 시작을 알리는 상징으로 남았다.[3] 보리치 대통령의 안경은 아옌데 대통령의 정치적 이념을 이어받았다는 의미를 담고 있다.

아옌데 대통령 집권 시절은 냉전과 맞물려 있었고 칠레 정부는 쿠바와 같은 공산국가를 지지했다. 북한과도 친밀한 관계를 유지했다(쿠데타 이후 주칠레 북한대사관은 철수했다. 칠레는 현재 남·북한 모두와 외교관계를 맺고 있다). 제2차 세계대전 이후 미국은 중남미에 불어닥친 좌파 정권 바람이 거슬렸고 사회주의 확산을 막기 위해 중남미에서 비밀 작전을 수행했다. 미국은 칠레에서 아옌데 정권을 무너뜨리기 위해 경제위기를 부채질하고 당시 칠레 육군 총사령관이던 아우구스토 피노체트 우가르테(Augusto José Ramón Pinochet

군사독재정권 당시 라모네다 궁전 앞에서 시위하는 구금·실종자가족협회 회원들

Ugarte, 1973~1990 재임)를 포섭해 군사 쿠데타를 조장했다는 비난을 받는다.[4] 실제로 1975~1980년까지 미국은 칠레, 우루과이, 아르헨티나, 파라과이, 볼리비아, 브라질 등 남미의 독재정권과 협력해 좌파와 반(反)정부파를 박해하는 '콘도르 작전(Operación Cóndor)'을 펼쳤다.

쿠데타가 일어난 1973년 9월 11일~1990년 3월 11일까지가 칠레 군사독재정권 시기다. 아우구스토 피노체트 육군 총사령관, 구스타보 레이(Gustavo Leigh) 공군 총사령관, 호세 토리비오 메리노 카스트로(José Toribio Merino Castro) 해군 총사령관, 세사르 멘도사(César Mendoza) 경찰 총장의 지휘하에 국회와 정당은 폐쇄되고 전국에 비상계엄령이 선포되었다. 피노체트는 1973~1978년까지 '국가 최고 수반', '공화국 대통령' 등의 직위를 맡으며 자신의 권력을 강화했다.

군사정권은 점차 입법, 사법, 행정 권한을 장악해갔다. 이 기간에 국가정보국(DINA, Dirección de Inteligencia Nacional)의 주도로 광범한 인권 침해, 구금, 고문, 살인이 자행되었고, 수많은 사람이 실종되거나 해외로 피신했다.[5] 아옌데 정권에서 일했던 미첼 바첼레트(Verónica Michelle Bachelet Jeria, 2006~2010·2014~2018 재임) 전 대통령의 아버지도 반역죄로 체포되어 고문을 당하다 사망했다. 어린 바첼레트와 그녀의 어머니는 구금·고문시설인 비야 그리말디(Villa Grimaldi)에 수용되었다가 아르헨티나 외교관 로베르토 코작(Roberto Kozak)의 도움을 받아 오스트레일리아로 이주했다.

군사정권은 경제정책으로 신자유주의를 채택했다. 수입 관세를 인하하고 기관 매각이나 민영화를 통해 공공부문에서 국가의 개입을 축소해 갔다. 노사 간의 새로운 규제 모델을 확립해 노동조합의 권한과 협상 권리를 법률로 제한했다. 이른바 '시카고 보이즈(Chicago Boys)'라 불리는 경제학자들이 시행한 경제정책으로 극심했던 인플레이션이 호전되고 수입을 통해 공산품 유통이 원활해졌다. '시카고 보이즈'는 1970, 1980년대에 활동한 유명한 칠레 경제학자 그룹으로, 그들 중 대다수가 시카고대학교 경제학과에서 밀턴 프리드먼(Milton Friedman)과 아놀드 하버거(Arnold Harberger)의 지도로 수학한 후 칠레가톨릭대학교 경제학과 교수를 지냈으며, 칠레 군사정권과 다른 남미 정부의 경제 고문으로 활동했다. 그런데 이들의 신자유주의 정책은 1970년대 중반부터

위기에 빠져있던 칠레 국내 산업에 큰 타격을 주었다.[6] 자유무역과 경쟁에 따르다 보니 칠레의 제조업은 경쟁력 약화로 유지되기 어려웠다.

군사정권은 오랜 과정을 거쳐 1980년 새로운 헌법을 제정하고 정권을 체계적으로 제도화하기 시작했다. 대통령 임기를 8년으로 늘리고 의회의 권한을 축소하며, 대통령이 상원의원의 3분의 1을 임명해 차기 정부에 대한 군사적 영향력을 보장하는 등 일련의 제도적 메커니즘을 갖춘 공고하고 권위적인 대통령제를 확립했다.[7]

1980년대 칠레는 무역 증대와 새로운 비즈니스 계층의 형성으로 긍정적인 경제성장 수치를 기록했다. 그러나 1982년 유가 상승과 수출 감소, 은행과 각종 산업의 파산 등으로 불황의 늪에 빠졌고, 이에 따른 실업률과 부채 증가는 독재에 반대하는 전국적인 대규모 시위로 이어졌다. 중도 및 좌파 정당이 연합한 야당과 민중은 피노체트의 사퇴와 더불어 1980년에 제정된 헌법의 폐지와 민주적인 선거 시행을 거세게 요구했다. 1988년 10월 피노체트 정권에 대한 신임 국민투표가 이루어졌고, 여당은 'Sí(yes)', 야당은 'No'라는 캠페인으로 경합을 벌였다. 피노체트가 신임 투표에서 참패함으로써 마침내 1989년 12월 14일 치러진 대통령 선거에서 파트리시오 아일윈 아소카르(Patricio Aylwin Azócar, 1990~1994 재임)가 당선, 1990년 3월 11일 대통령에 취임하면서 민주주의로의 전환점을 찍었다.

2010년 바첼레트 정부는 군사독재정권의 희생자들을 추모하기 위해 기억인권박물관(Museo de la Memoria y de los Derechos Humanos)을 설립했다. 쿠데타가 발발한 지 50여 년이 지난 지금도 희생자들은 제대로 된 배상을 요구하고 있다. 군사독재정권에 관여하고 협력한 이들에 대한 처벌이 있었지만, 아직 갈 길이 멀다. 2023년 9월 주한 칠레대사관은 쿠데타 발발 50년을 기념하기 위해 한양대학교에서 마누엘라 마르텔리(Manuela Martelli) 감독의 영화〈1976〉을 상영했다. 영화는 성공한 의사를 남편으로 둔 50대 중산층 가정주부가 독재정권에 저항하며 도망다니던 청년을 만나며 벌어지는 일들을 이야기한다. 당시 칠레 사회, 그리고 오늘날 칠레 사람들이 독재를 기억하는 방법이 궁금하다면 영화〈1976〉을 권한다.

TIP!

금강산도 식후경. 훌륭하고 멋진 박물관들을
돌아본 후 어디서 무엇을 먹어야 할까? 킨타노
르말역 근처에 있는 역사적이고도 개성 넘치는
레스토랑 '프랑스 미장원(Peluqueria Francesa)'
을 추천한다. 19세기 말 개업한 헤어 살롱을 박
물관과 레스토랑으로 개조했다. 눈과 입으로
칠레식 프랑스 요리를 즐길 수 있다.

비야 그리말디
VILLA GRIMALDI

비야 그리말디는 피노체트 군사독재정권 시기에 좌익 정치인, 노동자, 학생 등을 구금하고 고문하던 시설이다. 20세기 초 산티아고의 페냐롤렌(Peña-lolén) 지역 대부분을 소유하고 있던 호세 아리에타(José Arrieta)의 사유지 관리를 위해 지어졌으나 1964년 에밀리오 바사요 로하스(Emilio Vassallo Rojas)가 인수했다. 이후 살바도르 아옌데 대통령 시절 이탈리아 주재 칠레 대사였던 에밀리오 바사요의 형이 새로운 주인이 되면서 이탈리아풍 정원과 분수, 조각품 등으로 둘러싸인 집이라 하여 이탈리아 성씨 중 하나인 '그리말디'를 붙여 '비야(빌라) 그리말디'라 불렀다. 군사독재가 시작되자 정부는 바사요 가문에 부동산 판매를 강요했고, 이후 반정부 인사들을 탄압하는 시설로 사용되었다. 정치범 약 4,500명이 수감되었고 이 중 실종자는 228명으로 추산된다. 집과 시설은 철거되었지만 아픈 역사를 기억하기 위한 평화공원이 조성되어 인권 증진을 위한 공간으로 탈바꿈했다.

군사독재 시절 인권침해를 고발하고 기억하기 위한 공간이 또 있다. 바로 2007년 미첼 바첼레트 당시 칠레 대통령이 설립안을 발표하고, 칠레 독립 200주년을 맞은 2010년 1월에 개관한 '기억과 인권 박물관(Museo de la Memoria y los Derechos Humanos)'이다. 이곳은 인권과 존중, 관용에 대해 성찰할 수 있는 전시를 진행하며, 기억의 광장, 테라스 정원 등 휴식 공간을 마련해 누구나 오갈 수 있는 휴식처를 제공한다. 기억과 인권 박물관이 있는 지하철 5호선 킨타노르말(Quinta Normal)역 근처에는 킨타노르말 공원, 과학과 테크놀로지 박물관(Museo de Ciencia y Tecnologia), 자연사박물관(Museo de Historia Natural) 등이 모여 있다.

2 │ 신자유주의의 늪에 빠지다

길거리 키오스크(kiosk)에서 산 샐러드 채소에서 생소한 물맛이 났다. "무슨 냄새지?" 같이 있던 동료가 말했다. "수도 회사가 다르잖아." 그렇다. 칠레는 1980년 피노체트 군사독재정권 시절 제정된 헌법에 따라 물을 사유재로 삼은 세계 유일의 나라다. 수도 산티아고만 해도 산티아고 시내의 50% 이상 지역에 수돗물을 공급하는 회사가 아구아스 안디나스(Aguas Andinas), 스마파(Smapa) 등 여러 곳 있고, 지방마다 각기 다른 수도 회사가 있다. 인터넷은 개인이 선택할 수 있지만, 수돗물은 내가 사는 지역에서 계약한 회사의 수돗물을 사용해야 한다. 샐러드에서 나는 냄새는 샐러드를 제조한 지역의 수돗물 탓일 가능성이 크다.

도시가스 또한 마찬가지다. 천연가스회사협회(AGN, Asociación de empresas de gas natural)에 속한 칠레 도시가스

회사로는 메트로가스(Metrogas), 가스 수르(Gas Sur), 가스코 마가야네스(Gasco Magallanes), 칠레천연가스회사(Empresa chilena de gas natural) 등이 있다. 수돗물과 마찬가지로 지역에 따라 회사가 다르다. 칠레 거의 모든 지역에 전기를 공급하는 에넬(Enel)도 민간 전력회사다. 대중교통은 공공 서비스이지만 이 또한 민간기업에서 운영한다. 산티아고를 비롯한 전국 16개 지역의 주 정부에서는 운영자에게 보조금을 지불한다.

의료보험은 어떨까? 칠레 의료시스템은 국민건강보험인 포나사(FONASA, Fondo Nacional de Salud)와 이사프레(ISAPRE, Las Instituciones de Salud Previsional)라는 민간보험으로 구성되어 있다. 민간보험은 한국과 마찬가지로 여러 회사가 있어서 개인이 선택할 수 있다. 정규직 근로자의 경우 월급의 7%가 의료보험료로 원천 징수된다. 국민건강보험이든 민간보험이든 좀 더 나은 서비스를 받고 싶은 사람은 더 많은 보험료를 낸다. 처음 칠레에서 일을 시작할 때에는 큰 병이 나지 않는 한 민간보험료가 너무 비싸다는 칠레 지인들의 조언에 따라 국민건강보험에 가입했다. 그런데 그것으로는 보건소에서 무료로 진료를 받을 수는 있어도 기다리는 시간이 길고 서비스의 질도 좋지 않았다. 1년에 한두 번 병원에 갈 일이 생기면 그냥 보험이 되지 않는 병원에 가서 4만~5만 페소 정도를 내고 처방전을 받았다. 일반 병원에서는 국민건강보험 환자를 받지 않는 경우도 많고 병원뿐만 아니라 의사도 특정 민간보험회사에 가입한 환자를 선택해서 받을 수 있기 때문이다. 피부과에 가도 약을 발라주는 일은 없다. 약을 바르거나 주사를 맞거나 검사를 해야 하면 다시 진료 예약을 해야 하고 물론 별도의 비용이 따른다. 의료보험 혜택을 받고 살 수 있는 약도 많지 않다. 오히려 방학 때 한국에 와서 기본적인 검사와 치료를 하는 편이 훨씬 더 경제적이었다.

그러다 가벼운 교통사고를 당한 계기로 건강보험에 관한 생각이 바뀌었다. 다행히 나는 다친 곳이 없었지만 운전하다 다친 친구와 함께 간 보건소 환경은 중류층이 거주하는 동네였음에도 불구하고 열악했다. 화장실 불은 들어오지 않았고 문도 제대로 닫히지 않았다. 민간보험으로 바꾸자고 결심하고 보험회사 직원을 만났다. 가입 금액에 따라 선택할 수 있는 병원은 물론 입원실도 달랐다. 최고는 아니어도 어느 정도의 의료서비스를 받으려면 월급의 7%만으로는 턱없이 부족했다. 그래도 어쩔 수 없었다. 민간보험에 가입한 후에는 병원에서 1만 페소 정도를 내고 처방전을 받았다. 국민건강보험의 적용을 받을 때와 처방 약도 달라졌다. 경쟁 원리에 따라 국민건강보험과 민간보험회사가 소유한 병원 침상 수도 다르니 아무래도 국민건강보험이 열악할 수밖에 없다. 그런데 민간보험이라고 해서 다 편하고 좋지만은 않다. 개인 병원을 운영하는 의사가 대형병원에서 일하는 경우가 많아 개인 병원도 의사 일정에 맞춰 꼭 예약을 해야 한다.

칠레에는 정부에서 운영하는 국민연금이 없다. 민간 금융

사에서 펀드 형식으로 연금상품을 운용한다. 정규직인 경우 월수입의 10%를 의무적으로 납부해야 한다. 월 소득이 60UF(약 160만 페소, UF는 인플레이션과 환율 불안정 등 화폐 가치에 영향을 받지 않도록 만든 별도의 화폐 단위다)를 넘는 경우는 연금을 내지 않아도 된다. 자영업자와 비정규직은 자발적으로 납부한다. 연금은 은퇴 연령에 맞춰 남성은 65세 이후, 여성은 60세 이후부터 수령이 가능하다.[1] 민간 연금상품은 펀드로 운용되는 만큼 이율이 변동적이고 위험성이 있어, 위험도에 따라 A부터 E까지 다섯 단계 중 하나를 골라서 가입하고 연령에 따라 위험도가 낮은 펀드로 변경할 수 있다. 칠레 연금기금감독위원회(SAPF)는 포트폴리오 수준의 위험 지표가 아닌, 자산군별 최소·최대 비율을 규제하는 식으로 위험도를 조정하고 국채·회사채·주식 등 자산군별 비중을 정해둔다. 아옌데 정권(1970~1973) 당시 사회보장정책을 대폭 확대한 결과 연금 재정이 파탄 직전까지 갔던 경험으로 국민도 이러한 제도 개혁을 받아들였다. 칠레 연금제도는 중남미 여러 나라는 물론 아시아 및 동유럽 국가의 연금제도 개혁에 청사진 역할을 했으나 최근 위험도가 가장 낮은 E 펀드의 수익률이 위험도가 가장 높은 A 펀드를 능가하는 사례가 절반이 넘으면서 위기를 맞고 있다.[2]

　공공부문 민영화는 피노체트 독재정권 당시 신자유주의를 도입하며 시작되어 이후 정권과 상관없이 이어져 왔다. 2019년 10월 칠레 거리에는 "30페소가 아니라 30년이다"라는 구호가 울려 퍼졌다. 단 2주 만에 최근 몇 년 동안 가장 큰 시위를 촉발한 지하철 요금 30페소 인상을 신자유주의가 도입된 지난 30년에 비유한 말이다. 2019년 3월 기준 칠레의 일 최저소득은 30만 1,000페소(한화 약 44만 원)였다.[3] 같은 시기 버스 요금은 710페소, 지하철 요금은 출퇴근 시간에는 830페소, 그 외 시간대에는 750페소였다. 칠레에서는 상주 혹은 출퇴근 가사도우미를 부르는 경우가 많은데 2024년 기준 출퇴근 가사도우미의 평균 월급은 월 40만 페소, 시간당 2,462페소다.[4] 지하철 요금 인상 발표 후 대규모 시위가 일어나자 정부는 지하철 요금 인상안을 철회하고 버스 요금은 700페소, 지하철 요금은 출퇴근 시간 800페소, 그 외 시간대 720페소로 조정하기도 했다. 2024년 2월 기준 요금은 버스 730페소, 지하철은 시간대에 따라 각각 830, 750페소다. 산티아고 외곽에 사는 가사도우미가 월요일부터 금요일까지 버스와 지하철을 이용해 매일 출퇴근을 한다고 가정하면 월평균 교통비는 평균 월급의 10%인 약 4만 페소가 든다.

2019년 시위의 골자는 신자유주의에 기반한 헌법을 바꾸자는 내용이었다. 코로나19의 유행으로 공과금을 낼 수 없게 된 국민이 늘어나도 정부가 할 수 있는 일은 몇 개월 정도 연체가 되어도 수도, 전기, 가스가 중단되지 않도록 해주는 일밖에는 없었다. 봉쇄가 시작된 3월 중순까지 이어진 시위로 2019년 세바스티안 피녜라 에체니케(Miguel Juan Sebastián Piñera Echenique, 2010~2014·2018~2022 재임) 대통령은 새

2019년 시위에 등장한 "30페소가 아니라 30년이다" 구호 피켓

로운 헌법 제정을 약속했다. 2020년 10월 국민투표를 통해 뽑힌 좌파 성향의 대표단이 헌법을 새로 쓰기 시작했고, 2021년에는 사회민주주의 정당인 사회융합당(Convergencia Social)의 가브리엘 보리치 대통령이 당선되었다. 그러나 2022년 9월 4일 국민투표에서 새로 쓴 헌법 초안이 부결되고 이번에는 우파 성향의 대표단이 새로운 안을 제출했으나 2023년 12월 또다시 칠레 국민은 이에 대해 거부표를 던졌다. 신자유주의를 청산하리라던 보리치 대통령의 외침은 치안 불안과 가난에 지쳐 개혁보다 안정을 택한 국민 앞에 무색해졌다.

3 | 넘을 수 없는 빈부격차

산티아고 외곽의 콘찰리(Conchalí)에 있는 산루이스레이 성당(Parroquia San Luis Rey)의 한국인 신부는 일주일에 두 번, 봉사자들과 함께 동네 주민들에게 나눠줄 빵을 만든다. 칠레는 가톨릭을 국교로 하지만 사제가 턱없이 부족해서 비어 있는 교구가 많은데, 30년 가까이 담당 사제가 없던 이 성당에 몇 년 전 한국인 신부가 부임했다.[1] 가난한 지역의 교구일수록 담당 사제가 부족하다. 콘찰리는 산티아고 북서쪽 끝자락에 있는 빈민촌이다. 빵은 칠레 사람들의 주식으로, 콘찰리 사람들은 일주일에 두 번 성당에서 나눠주는 귀한 빵을 받기 위해 줄을 선다. 신부가 구역 신도들의 집을 방문한다. 철창에 슬레이트로 가린 대문, 슬레이트 지붕, 금방이라도 무너질 듯한 합판으로 덧댄 천장, 벽돌로 쌓아 붉은색·노란색 페인트로 칠한 벽…. 그들이 사는 집이다.

칠레, 특히 산티아고는 구역에 따라 계급의 차이가 명확하게 드러난다. 산티아고의 중앙을 관통하는 바케다노 광장(Plaza Baquedano)을 중심으로 북동쪽으로 갈수록 부촌, 서남쪽으로 갈수록 빈촌이다. 지하철 바케다노역은 붉은색 1호선과 초록색 5호선의 환승역인데, 1호선을 타고 위로 올라갈수록 잘사는 동네, 5호선을 타고 아래로 내려갈수록 못사는 동네로 가는 셈이다. 잘사는 동네로 갈수록, 못사는 동네로 갈수록 지하철이 닿지 않는다. 그나마 잘사는 동네는 지하철역에서 연결 버스나 콜렉티보(Colectivo)라고 불리는 합승 택시가 자주 다니지만, 못사는 동네로 갈수록 하염없이 버스를 기다리며 한참을 걸려 직장으로, 집으로 오가야 한다.

2019년 칠레 기자상 수상자인 모니카 곤살레스(Móica González)는 1990년 군사독재가 끝나고 민주주의를 회복한 지 30년이 지나도록 경제, 보건, 교육 분야에서 최소한의 규제로 불평등을 고착화한 시스템을 왜 바꾸지 못했는지 설명하기 어렵다고 말한다. 2022년 유엔 중남미·카리브해 경제 위원회의 보도에 따르면, 칠레는 여타 중남미 국가와 마찬가지로 최고 상류층에 부가 집중되어 있으며 부자 아홉 명이 국가 전체 부의 49.6%를 소유하고 있다(브라질은 48.9%, 멕시코는 46.9%).[2]

사회경제적 불평등은 소득과 부의 측면뿐 아니라, 교육과 건강에서도 나타난다. 거주지 이외에도 출신 초·중·고등학교를 알면 그 사람이 속한 사회·경제적 계층이 드러난다. 칠레 사람들이 너에게 공립학교를 나왔는지 사립학교를 나왔느지를 물을 때 처음에는 그 의미를 알지 못했다. 추첨으로 간 중·고등학교가 사립이었기에 사립학교를 나왔다고 하니 고개를 끄덕이던 의미를 살면서 알게 되었다. 공립학교와 사립학교는 배우는 교과서와 수업 자료도 다르다. 어디 그뿐인가. 어휘와 말투에서도 계층이 드러난다. 모국어가 에스파냐어가 아닌 내가 학생들의 과제물을 보고 공립학교 출신인지 사립학교 출신인지를 알 수 있을 정도다.

비가 오는 날이면 빈민촌이나 저소득층 거주지에 사는 사람들은 외출하지 않는다. 아니, 못한다. 미처 하수구로 빠지지 못한 물이 길거리에 넘쳐나기 때문이다. 어설픈 지붕으로 새어든 빗물에 젖은 옷을 말리지도 못해 감기를 달고 살지만, 병원비와 약값이 없어 치료도 받지 못한다. 대학생들도 비가 오는 날이면 결석이 많았다. 코로나19 유행으로 온라인수업을 할 때도 비가 오면 인터넷이 끊겨서 수업을 듣지 못하는 학생들이 있었다.

칠레의 빈부격차는 다른 중남미 나라들과 마찬가지로 식민 시기에 기원을 두고 있다. 상류층에 집중된 토지소유권, 피부색과 성씨에 따른 계층의 구분은 모두 식민지에서 비롯된 일이다. 19세기에 에스파냐로부터 독립한 후 국가를 건설한 민족 엘리트들은 이후 광업, 금융, 상업을 통해 막대한 재산을 축적했다. 1920년 아르투로 알레산드리 팔마
(Arturo Fortunato Alessandri Palma, 1920~1924·1925·1932~1938

재임) 대통령이 당선되면서 신흥 중산층과 근로자들을 위한 복지정책이 시작될 때까지 불안정한 시기는 계속됐다. 1930~1970년까지 민주주의 발전으로 사회경제적 불평등이 근소하게 완화되었지만, 1973년 군사독재가 시작되면서 계층 분화는 더욱 심해졌다. 피노체트 군사독재 기간 다양한 분야에서 근대화가 이루어졌음은 의심할 나위 없다. 그러나 신자유주의의 도입과 더불어 소득 분배와 고용은 눈에 띄게 악화했다.[3] '칠레의 기적'이라 불리는 이 시기에 대한 경제학자들의 평가는 극단적으로 갈린다. 1973년 초 칠레는 실업률이 4.3%에 불과했지만, 인플레이션은 605.1%에 달하는 심각한 경제위기를 겪고 있었다.[4] 좌파 정당을 지지하던 한 지인도 물자가 부족해서 빵과 우유도 배급을 받아야 했던 아옌데 대통령 시절로 돌아가고 싶지는 않다고 했다. 자유시장 체제로 해외에서 물자가 수입되며 생활의 질이 향상됐다. 그러나 경제 개혁은 근본적으로 공공 지출 및 통화 공급의 급격한 감소, 국영기업의 민영화, 민간기업에 대한 특혜, 관세 보호주의의 완화 및 외국인 투자 촉진을 근간으로 하고 있었다. 그 결과 경제 개혁 10년 후인 1982년에는 전 세계적 유가 상승과 더불어 칠레 국내총생산(GDP)이 14.3% 감소했고 실업률이 23.7%에 이르렀다.[5] 군부독재 말기에는 빈곤율이 40%에 달했다.[6]

다른 한편으로는 계층에 따른 거주 지역의 분리 현상이 일어났다. 공공 인프라를 고려하지 않은 채 토지 가격이 낮

캄파멘토스(campamentos)라 불리는 빈곤층이 몰려들어 형성된 거주지

은 지역에 저렴하고 시설이 열악한 공공임대주택이 건설되었다. 지금은 부촌이 된, 외진 지역에서 살던 사람들이 싼값에 내 집을 마련할 수 있다는 꿈에 부풀어 오늘날 가장 빈곤하고 위험한 지역이 된 라핀타나(La Pintana)구 등으로 이주했고 여전히 그곳에 살고 있다. 군사독재 시기에는 토지를 압류하거나 점거하고 무허가 정착지에서는 퇴거를 명령했다. 이는 도시 경관을 해치고 위험 요소가 있는 불법 주택을 없애기 위한 '질서 유지 및 치안' 정책의 일환이었으나 이는 주택 부족 문제를 불러왔다. 1982년에는 주택 80만 채가 부족했는데, 1992년에는 그 수가 100만 채 이상으로 증가했다.[7] 한편 지하철 1호선 알칸타라(Alcántara)역과 에스쿠엘라밀리타르(Escuela Militar)역 주변에는 산티아고의 맨해튼(Manhattan)이라 하여 일명 '산하탄(Sanhattan)'이라 불리는,

고층 빌딩이 즐비한 산티아고 전경

증권사, 보험회사, 은행 등이 몰려있는 빌딩 숲이 펼쳐진다.
더 윗동네로 올라가면 고급 아파트와 안데스산맥 자락 아래
에 자리한 화려한 저택들이 등장한다. 이렇게 나뉜 도시 공
간은 단순한 주거지역의 분리를 넘어서 일, 교육, 건강 등의
기회를 가르는 잣대가 되었다. 심지어 경제적으로 성공했음
에도 자신이 엘리트가 아니라는 이유로 부촌에 살 수 없다고
생각하는 사람들이 있을 정도로, 오랜 불평등은 사람들의 생
각마저 뒤바꿔 놓았다.

2023년 칠레 사회개발부는 '2022 국가 사회경제 특성 조
사(Encuesta de Caracterización Socioeconómica Nacional)' 결
과를 발표했다. 그에 따르면 칠레의 2022년도 지니계수(소
득 불균형 수치로, 완전 평등 0에서 완전 불평등 1까지 측정한다)는
0.470으로, 칠레 최상위 20%는 최하위 20%보다 8.2배 더

많은 소득을 버는 것으로 나타났다.[8] 한 칠레인 친구가 영화 〈기생충〉을 보고 내게 말했다. "발전한 나라인 줄 알았는데 빈부격차가 심하다니 한국도 사람 사는 곳이네. 그런데 영화 속 송상호 가족은 중산층이지?" 반지하라도 각자 자기 방이 있고 욕실도 있고 가전제품도 갖추고 사니 그 정도면 중산층 이라는 게 친구의 생각이었다. 칠레 언론은 2022년도 지니 계수 0.470을 2020년 0.509와 비교하며 역대 최고로 좋은 성 적이라고 보도했다.[9]

칠레 정부는 정책, 교육, 노동 시장, 세제 개혁 등을 통해 빈부격차와 불평등을 해결해 보려 하지만 쉽지 않다. 칠레 사회 전체에 뿌리 깊은 계급 의식과 그에서 비롯된 차별 의 식은 높다란 장벽처럼 서 있다.

4 | 높디높은 칠레 엘리트들의 벽

멀고 먼 '신대륙'에서도 칠레는 에스파냐 제국에서 더욱 먼 곳이었다. 18세기 말 증기선이 출현하기 전까지, 유럽에서 칠레까지 바닷길로 4개월 이상이 걸렸다. 더욱이 칠레는 에스파냐 왕실에서 관심을 가질 만큼 금은보화가 넘쳐나는 곳도, 인디오 문명이 발달한 곳도 아니었다. 그럼에도 칠레는 마젤란해협과 태평양으로 통하는 길이자 육지와 바다를 통해 페루 부왕령을 보호할 수 있는 지리적 위치에 있었다.[1]

에스파냐의 중남미 대륙 정복은 식민 기간 동안 끊임없이 이어졌고, 에스파냐 왕실은 정복한 광활한 땅을 지배하기 위해 부왕령을 만들었다. 공식적으로는 페루 왕국으로 알려진 페루 부왕령(Virreinato del Perú)은 아메리카대륙의 에스파냐 지방 행정 구역으로 1542년에 창설되었는데, 18세기 페루 북쪽 지역을 총괄하는 누에바그라나다 부왕령(Virreinato de

칠레를 정복하고 수도 산티아고를 세운 초대 총독 페드로 데 발디비아

Nueva Granada)과 오늘날 아르헨티나와 우루과이 지역을 총괄하는 리오델라플라타 부왕령(Virreinato del Río de la Plata)이 생기기 이전까지 중미 지역의 누에바에스파냐 부왕령(Virreinato de Nueva España)과 더불어 중남미의 에스파냐 제국을 대표하는 두 부왕령 중 하나였다. 부왕령 아래로 행정 및 입법 기능을 가진 아우디엔시아(audiencia)가 설치되었는데, 각 아우디엔시아의 행정에 대한 최종 책임은 부왕령 총독에게 있었지만, 아우디엔시아의 지역 대표들은 어느 정도의 자율성을 가지고 지역을 통치했다.

페루 부왕령에서 사막을 거쳐 칠레에 도착한 정복자들은 비옥한 토양과 온화한 기후에 매료되었다. 1545년 9월 4일 페드로 데 발디비아(Pedro de Valdivia, 1497~1553)는 카를로스

18세기 중남미 에스파냐 부왕령

5세(Carlos V) 황제에게 보낸 서한에서 "자리를 잡고 살기에
이보다 더 좋은 곳은 없습니다"라며 만족감을 표현했다. 칠
레에 도착한 에스파냐인들은 당시 칠레에 다양한 부족의 인
디오가 80만~120만 명 정도 살고 있다고 추측했다. 정복자들
은 칠레 인디오를 아라우카인(Araucanos)이라고 불렀는데,
군인이자 시인인 알론소 데 에르시야 이 수니가(Alonso de

Ercilla y Zúñiga, 1533~1594)는 자신의 서사시 〈라 아라우가나 (La Araucana)〉에서 마푸체(Mapuche) 인디오들과 장기간 투쟁해야 했던 정복 초기의 이야기를 서술하며 그들의 군사적 기량에 아낌없는 찬사를 보낸 바 있다.[2] 마푸체 인디오는 중미 지역의 마야(Maya)나 아스테카(Azteca), 페루 근방의 잉카(Inca) 같은 발달된 문명으로 명성을 떨치지는 못했지만, 끈기와 근성으로 유명해서 정복자들은 칠레를 정복하고 통치하는 데 애를 먹었다.

식민 기간 칠레는 아메리카대륙의 에스파냐 통치 지역에서 가장 빈곤했으며 북쪽에는 사막, 동쪽에는 안데스산맥으로 가로막힌 험난한 지형과 남쪽 마푸체 인디오의 거센 저항, 금의 부재로 18세기에 들어서서야 서서히 경제와 인구가 성장하기 시작했다. 어쨌든 험난한 사막을 건너온 에스파냐 정복자들은 칠레에 뿌리를 내리기 시작했고, 태어나면서부터 서자 취급을 받게 될 그들의 자손 크리오요(criollo)들은 독립이라는 이름으로 또 다른 종류의 정복을 시작할 터였다. 에스파냐 식민지에서 1600년대 이미 정복자들과 인디오 사이의 혼혈인 메스티소(mestizo) 인구가 늘어나기 시작했고, 18세기 무렵에는 인구 대부분을 차지할 정도였다. 식민지 중남미의 사회구조는 철저한 계급사회였고, 이 시기 칠레 인구는 다수의 메스티소와 소수의 에스파냐 상류층, 그리고 크리오요로 구성되었다. 에스파냐 상류층은 유럽 본토에서 건너온 백인 지배층, 메스티소는 유럽인과 원주민 인디오의 혼혈, 크리오요는 아메리카대륙에서 태어난 유럽인의 후손이다. 이웃 페루나 볼리비아와 달리 칠레는 인디오의 수가 적고 크리오요가 아프리카 노예시장에 진출할 만큼 부유하지 않았기 때문에 2010년 바첼레트 정권이 아이티 난민을 수용하기 전까지 칠레에서 흑인은 거의 볼 수 없었다.

상류층의 문화는 기본적으로 에스파냐 문화였고 메스티소 문화는 에스파냐와 인디오 문화의 혼용이었다. 인디오 문화의 영향은 오늘날까지도 놀이, 어휘, 음식 등 다양한 곳에 남아있다. 그러나 식민 지배가 끝날 무렵 메스티소 대부분은 자신들을 에스파냐인으로 인식하거나 가장하는 경향이 두드러졌다. 그들은 이름, 언어, 종교 등을 에스파냐식으로 바꿨다.

흔히 잔혹한 정복을 통해 건설된 사회일수록 첨예하게 계층화되어 있다고 여겨진다. 칠레의 경우는 경제적 필요성으로 인해 계층화가 한층 더 강화되었다. 정복자들은 '엥코미엔다(encomienda)'로 중남미 대륙의 식민지를 통치했다. 엥코미엔다는 에스파냐 왕이 정복자들에게 토지와 인디오에 대한 통치권을 부여해 운영하게 한 식민지 통치제도로, 피정복자들은 정복자들로부터 교육과 보호 등을 받는다는 명목으로 공물이나 노동을 제공해야 했다. 에스파냐 식민 시기 중남미 나라 대부분에서 실제로 많은 인디오가 '아시엔다(Hacienda)'라고 불리는 대규모 농장에서 노동력을 착취당했다. 정복 초기 칠레는 경제적·사회적 조건을 고려할 때 인디오로부터 공물을 받기가 어려워 주로 금 세척이나 낙농업 등 노동으로 대체했다. 이를 '서비스 엥코미엔다(Encomienda de servicio)'라고 부른다. 그러나 칠레에서 금광 채굴이 조기에 종료되고 인디오 인구의 삼소로 인해 노농력이 부족해지면서 칠레식 엥코미엔다의 중요성이 줄어들었다. 전쟁 포로로 잡힌 마푸체 인디오를 노예로 삼거나 아르헨티나 쿠요(Cuyo) 지역에서 건너온 인디오로 노동력을 대체하려 했으나 그다지 만족스럽지 못했다. 따라서 좀 더 안정적인 농업 시스템이 필요했다. 통치자에게서 토지를 배정받은 메스티소와 가난한 에스파냐인들은 '인킬리노(Inquilinos, 소작농)'라고 불리며 영구적인 농민 계층으로 자리 잡았다.

농업의 중요성이 커지면서 칠레에서 농장 소유주의 지위는 지속적으로 강화되었다. 농장 소유권은 상류층을 상징하는 명확한 지표 중 하나였다. 농업은 18세기 식민지 경제의 주요 원동력이었으며 식민지 말기에는 북부 지방에서 금, 은, 구리 채굴의 중요성이 부각되기 시작했다. 1740년부터는 에스파냐 선박이 페루 부왕령을 통하지 않고 직접 칠레까지 항해할 수 있게 되었고 아르헨티나의 리오델라플라타(Río de la Plata) 지역과의 무역도 합법화되었다. 새로운 기회가 열리자 에스파냐 이민자들이 몰리기 시작했다. 1700~1810년 사이에 에스파냐인 약 2만 4,000명이 칠레로 이주했는데, 이들 중 절반 이상이 바스크(Basque) 지방 출신이었다(칠레에서 바스크 문화를 느껴보고 싶다면 칠레식 바스크 음식을 맛보시라. 산티아고 시내에 있는 바스크 레스토랑 엘 초코 알라 베스El Txoko Alavés를 추천한다).

바스크 사람들은 부지런하고 진취적이었다. 그들은 그들 끼리, 혹은 다른 유럽 출신 지배층 가문과의 혼인을 통해 결속을 다졌으며, 농장을 구입하고 무역을 통해 크리오요 엘리트층에 편입될 수 있는 자본을 축적했다. 바스크 출신 엘리트들은 20세기까지 칠레에서 지배적인 역할을 담당했다. 19세기에 무역이 크게 활발하기 전까지 칠레는 부유한 크리오요가 많지 않았고 농업과 광업도 빛을 보지 못했다. 바스크인들은 그 틈을 파고들어 권력과 부를 손에 쥐었다. 1818년 칠레 독립을 선언한 베르나르도 오이긴스 리켈메(Bernardo O'Higgins Riquelme, 1778~1842)와 19세기 칠레 지성사를 대표하는 벤하민 비쿠냐 마케나(Benjamín Vicuña Mackenna, 1831~1886) 모두 바스크와 아일랜드 혈통이다. 아일랜드 이민자들은 영국의 박해를 피해 온 아일랜드 가톨릭교도들이었는데 남부 지방에서 양 목축으로 부를 축적한 당시에 중요하고 영향력 있는 이민 세력 중 하나였다.[3]

캘리포니아(1848)와 오스트레일리아(1853)에서 골드러시(gold rush)가 일어나면서 칠레는 광대한 곡물 수출 시장을 확보하게 되었다. 또, 유럽의 수요에 부응하여 은과 구리 생산량이 증가하면서 국가는 물론 지배계층의 부도 증가했다. 이무렵 국가 주도로 독일 이민자 약 3만 명이 칠레 남부의 발디비아(Valdivia), 오소르노(Osorno), 양키우에(Llanquihue) 지

(위) 칠레의 독립 영웅 베르나르도 오이긴스
베르나르도 오이긴스는 아일랜드 출신 아버지와 프랑스령 바스크 출신 어머니 사이
에서 태어난 크리오요다. 그의 아버지는 칠레 총독과 페루 부왕을 지낸 암브로시오
오이긴스(Ambrosio O'Higgins)다.
(아래) 작가이자 언론인으로 당시 엘리트 지식인층을 대변한 벤하민 비쿠냐 마케냐
바스크 혈통의 아버지와 아일랜드 혈통의 어머니 사이에서 태어났다. 그의 어머니
카르멘은 칠레 독립전쟁의 영웅 후안 마케냐(Juan Mackenna)의 딸이다.

역에 정착했다. 이들 중 일부는 1848년 독일 혁명을 피해 유럽을 떠난 사람들이었다. 1850~1875년 사이 칠레로 이주한 독일인들은 무상으로 토지를 받았다. 에스파냐 본토보다 더 유럽적인 백인 국가를 만들고자 했던 칠레 정부가 독립 이후 정책적으로 독일인의 이민을 장려했기 때문이다.

상업이 발달하면서 영국, 프랑스, 북미에서 기업인들이 몰려들어 칠레의 수출입 무역을 장악하기 시작했다. 식민 시기 크리오요 엘리트로 이어진 과두정치와 신흥부르주아로 등장한 외국 상인들로 인해 지배계급이 다양해졌다. 북부의 광산, 남부의 농업으로 새로운 부를 창출한 이들은 정계에도 진출했다. 전통적인 엘리트는 물론 새로이 떠오른 젊은 지배계급의 구성원들은 유럽을 여행하고 공부하기 시작했다. 그들은 유럽에서 정치, 문화, 과학 등 새로운 아이디어를 들여왔고, 정치와 경제를 장악해 갔다. 유럽, 특히 칠레의 주요 무역 상대였던 영국과, 페루-볼리비아 연합과의 태평양전쟁 이후에는 프랑스·독일과 정치적·문화적 관계가 긴밀해졌다. 칠레 광산을 둘러싸고 유럽 국가들 사이에 이권 다툼이 일어나자 미국은 이 틈을 타 유럽의 영향력을 제한하고자 중재를 제안했으나 칠레가 거부했다. 유럽은 칠레 독립 이후부터 오늘날까지 칠레 사회에 지대한 영향을 미치고 있다.

피노체트 군사독재정권도 초기에는 지배계급 물론 중산층으로부터 지지를 받았다. 칠레 군사정권은 거시경제정책 수립과정에서 엘리트 집단 간 상호작용의 대표적인 사례였다.[4] 비록 엘리트 내부에서 정치적 분열이 있었지만 군 고위 장교는 국가 자산을, 공공 및 민간 부문 전문가들은 초국가적 이득을 취했다. 칠레의 신자유주의 정책을 이끈 시카고 보이즈는 국가 기간 산업 및 공공재의 민영화를 통해 지배계급의 지위를 공고히 하는 데 일조했다. 그러나 단순한 자본력만으로 상류계층에 속하기는 어렵다. 칠레의 엘리트 집단은 전통적 가문과 자본이 결합해 정치, 경제, 문화, 교육 등전 분야에서 막강한 영향력을 행사하는 집단이다. 실제로 케이팝 팬들을 대상으로 한 인터뷰에서 인터뷰이들은 칠레의 상류계층은 돈보다 "성씨와 가족, 그리고 주위 사람들"로 정해진다고 말했다.

2019년 10월 칠레에서 일어난 대규모 시위는 단순히 신자유주의 체제의 전복만이 아닌, 근본적으로 식민 시기부터 이어온 공고한 엘리트층에 대한 저항이었다. 시위대는 산티아고의 바케다노 광장에 세워진 바케다노 장군 동상을 밟고 올라가 깃발을 꽂았다. 마누엘 헤수스 바케다노 곤살레스 (Manuel Jesús Baquedano González, 1823~1897)는 칠레의 군인이자 정치가였으며 아라우카니아 지역에서 마푸체 인디오의 영토를 점령하고, 태평양전쟁에서 칠레가 페루-볼리비아 연합에 승리하는 데 혁혁한 공을 세운 인물이다. 바케다노 장군의 이름을 따 1929년에 만들어진 바케다노 광장은 칠레공화국 건국 100주년을 기념해 이탈리아가 칠레에 선물한 것이기에 이탈리아 광장(Plaza de Italia)이라고도 불린다.

이 광장은 또한 산티아고의 사회·경제·지리적으로 계층을 구분하는 지표이기도 하다. 광장에서 북동쪽으로 갈수록 상류층, 남서쪽으로 갈수록 중하류층 거주 구역으로 나뉘기 때문이다.

오랜 불평등과 계급, 신자유주의에 반대하던 시위대는 이 광장을 '존엄 광장(Plaza de Dignidad)'으로 불러야 한다고 주장했다. 그러나 1980년 피노체트 군사독재 시절에 제정된 헌법을 새로 쓰기로 한 시도는 결국 무산되었다. 수 세기에 걸쳐 내려온 과두정치와 상류층 엘리트들이 쌓아 올린 벽을 무너뜨리는 일은 결코 쉬운 일이 아닌 듯싶다.

TIP!
산티아고 시내는 보통 지하철로 이동하면 좋다. 길에서 택시를 잡을 수도 있지만, 대개는 우버를 사용하고, 예약 전용인 라디오 택시 (Radio Taxi)도 많이 이용한다. 그러나 최근 들어 치안이 불안해져서 어두워지면 이동을 자제하는 것이 좋다.

산티아고
SANTIAGO DE CHILE

칠레의 수도는 산티아고다. 누군가는 에스파냐의 '산티아고 순례길(Camino de Santiago)'이나 산티아고 데 콤포스텔라(Santiago de Compostela)를 떠올릴지도 모르겠다. 그 산티아고는 칠레의 산티아고와 이름만 같을 뿐이다. '산티아고'는 라틴어에서 유래했으며 히브리어로 '대체자'를 의미한다. 바로 성 야고보(St. James)다. 산티아고는 에스파냐가 칠레를 식민지화하는 출발점이었다. 페드로 데 발디비아가 1541년 이곳을 점령해 수도로 정하고 에스파냐의 수호 성인 야고보를 기려 이름을 산티아고라 지었다.

산티아고는 바케다노 광장 외에도 유럽 분위기가 물씬 풍기는 아르마스 광장(Plaza de Armas)부터 산티아고 대성당(Catedral Metropolitana), 대통령 궁인 라모네다 궁전(Palacio de La Moneda), 시내 전체를 내려다볼 수 있는 산 크리스토발 언덕(Cerro San Cristóbal) 등 명소로 가득하다. 특히 많은 미술관과 박물관이 관광객의 발길을 끈다. 시내에서 동쪽으로 만년설이 쌓인 안데스산맥이 보이는데, 차로 한 시간 정도면 안데스 산줄기에 있는 여러 트레킹 코스도 즐길 수 있다. 보헤미안 분위기를 느껴보고 싶다면 라스타리아 거리(Barrio Lastarria)를 권한다. 디자인 상점, 서점, 박물관, 영화관, 레스토랑, 바, 호텔 등이 있고 주말에는 벼룩시장이 열린다. 보르데리오(BordeRío) 구역은 그보다 고급스럽다. 중남미에서 가장 높은 건물인 몰 코스타네라 센터(Mall Costanera Center)는 지하철 1, 5호선에서 가까워서 쇼핑하기에 편하다. 알론소 데 코르도바(Alonso de Córdoba) 거리에서는 명품매장을 둘러볼 수 있다.

2장 │ 유럽과 남미 그 사이

정체성 · 계급

1 │ 원주민과 정복자들

영화〈미션(The Mission)〉(1986). 밀림에 울려 퍼지는 오보에 소리에 매료된 인디오들이 하나둘 모여든다. 가브리엘 신부가 연주하는〈넬라 판타지아(Nella Fantasia)〉는 벌거벗은 인디오들에게 옷을 입힌다. 사제가 된 노예 상인 멘도사는 인디오 보호 공동체에서 봉사로 속죄의 삶을 산다. 가브리엘 신부가 이끄는 공동체의 수익은 공평하게 분배된다.

1492년 크리스토퍼 콜럼버스가 아메리카대륙에 도착한 후 정복자 유럽인, 원주민 인디오, 노예로 들어온 흑인의 생물학적·문화적 혼혈의 역사가 시작되었다. 정복자들에게 강간당한 인디오 여인과 그녀의 아이들은 버려졌다. 아버지의 부재와 강한 어머니는 중남미의 상징이 되었다. 선한 일에도, 악한 일에도, 인디오들은 그 땅의 주인이 아니었다. 원주민의 희생을 담보로 한 식민지의 수익은 백인에게 돌아갔다. 부귀영화를 좇아 유럽을 떠난 이들에게도 중남미는 아름답기만 한 신대륙이 아니었다. 정복지에서 태어난 후손들 (크리오요)은 서자 취급을 받았고 불만을 품은 그들은 독립을 씌했나. 에스파냐 본국을 상대로 한 독립전쟁에서 인디오들은 그저 부속물에 지나지 않았다. 백인들은 인디오들의 부족과 언어와는 상관없이 자신들의 이익에 따라 영토를 쪼개 자신들의 국가를 건설했다.

거듭되는 혼혈에 순수 백인과 순수 인디오는 무의미했다. 그러나 크리오요들은 본토보다 더 유럽적인 국가를 만들고 싶었다. 이베리아반도의 에스파냐와 포르투갈은 인종적·문화적으로 정통 유럽 취급을 받지 못했다. 중남미 나라들은 진정한 백인 국가를 만들고자 정책적으로 북유럽인들의 이민을 받아들였다. 사회·경제·군사를 장악한 백인 엘리트층이 과두 지배를 고착화했고, 피부색에 따라 계급이 나뉘었다.

19세기 중엽 독립 후 노예 제도는 사라졌지만 피부색에 따른 차별은 오늘날까지도 여전하다. 어두운 피부색은 가난과 불평등의 대명사다. 중남미에서 '인종'의 정의는 '본인이 인정하는 인종'이다. 백인 혼혈이면 자신을 백인으로 정의하고 인디오의 성씨를 유럽식으로 바꾸는 일은 생존 전략이다. 세계적 미인 대회를 휩쓰는 중남미 미인들도, 텔레노벨라(Telenovela, 중남미 TV 드라마)의 주연도, 주한 중남미 대사관의 외교관들도 거의 다 백인이다. 어두운 피부색은 조연일 뿐이다. 우고 차베스(Hugo Rafael Chávez Frias, 1999~2013 재임) 전 베네수엘라 대통령은 최초의 아프로-인디오 출신 대통령이고, 에보 모랄레스(Evo Morales) 전 볼리비아 대통령 (2006~2019 재임)은 볼리비아 최초 인디오 출신 대통령이었다. 애석하게도 두 인디오 출신 주연의 드라마는 실패했다.

'원주민'에 대한 정의는 다양하다. 유엔에서는 '원주민'을 공식적으로 정의하지 않는다. 많은 나라에서도 "자체적인 정의"에 의존해 원주민을 분류하고 있다.[1] 유엔은 원주민을 "고유한 문화와 사람 및 환경과 관련된 방식의 계승자이자 실천자"라며 "그들은 자신들이 살고 있는 지배적인 사회와는 구별되는 사회적·문화적·경제적·정치적 특성을 유지해 왔다"고 설명한다.[2] 또한, 유엔의 〈원주민의 권리에 관한 선언문〉은 "원주민은 특히 식민지화와 토지, 영토, 및 자원 몰수로 인해 역사적 부당함으로 인한 고통을 겪었으며", "원주민이 스스로를 정의하고자 하는 욕구와 권리를 존중해야 하며 … (원주민에 대한) 정의는 불필요하고 바람직하지 않다"고 명기하고 있다.[3]

중남미에서는 최근 들어 스스로를 인디오로 정의하는 인구가 늘어남에 따라 부분적으로 인디오 인구가 증가하는 추세다.[4] 유엔 중남미·카리브해 경제위원회(ECLAC)가 2020년 발표한 보고서에 따르면 이 지역 전체 인구의 9.8%, 즉 5,300만여 명이 인디오다.[5] 이들은 약 500개의 다양한 인종 그룹에 속해 있으며, 인디오 인구 비율이 상대적으로 높은 지역은 멕시코, 과테말라, 페루, 볼리비아인데 이 지역 인구

의 8%를 차지한다.[6]

그런데 중남미 인디오의 빈곤율은 비원주민보다 훨씬 높다. 전체 인디오 인구 중 약 43%가 빈곤층으로, 전체 빈곤층 인구의 14%, 극빈층 인구의 17%를 차지한다. 세계은행의 통계에 따르면 국가마다 비율은 다르지만 인디오 인구의 48%가 도시에 거주한다.[7] 그들은 더 나은 삶을 찾아 도시로 이주하지만 결국 더욱 소외된 계층으로 살아간다. 세계고문방지기구(OMCT)의 인권자문위원인 테레사 페르난데스 파레데스(Teresa Fernández Paredes)는 "인종차별은 중남미 국가의 사법, 정치, 사회 시스템에 깊이 뿌리박혀 있으며 인디오에 대한 영구적 고문 행위로 이어져 왔다"라고 말한다.[8]

칠레는 토지 개혁과 차별 문제로 인디오 공동체와 정부 사이의 긴장이 수십 년간 지속되는 가운데 그 긴장이 폭력으로 분출되곤 했다. 2019년 10월에 일어난 대규모 시위로 인디오의 권리를 요구하고 법적 보장을 받을 기회가 생겼지만 2023년 12월 국민투표에서 새 헌법 초안이 부결됨으로써 다시 원점으로 돌아갔다.[9] 칠레 인디오는 칠레 전체 인구의 약 12%를 차지하는데, 이들 중 79%가 마푸체(Mapuche) 인디오다. 간과할 수 없는 비율임에도 불구하고 칠레 헌법은 원주민의 권리를 인정하지 않고 있으며 원주민들은 지속적인 차별과 빈곤에 시달리고 있다.[10]

실상 코로나19가 유행하기 이전부터 중남미 전역에서 정치적 긴장감과 사회적 불만이 높아지고 있었다. 2015~2019년

CONTRA EL CAPITALISMO COLONIZADOR

2011년 산티아고에서 열린 마푸체 인디오들의 대규모 시위

지역 성장은 평균 1%에 불과했다. 라틴아메리카 카리브해 경제위원회는 2020년에 지역 빈곤은 전년도보다 3.2% 늘어난 33.7%로 지역 경제가 12년 후퇴했다고 발표했다. 그리고 코로나19의 유행으로 전 세계 사망자 중 30%가 중남미에 몰렸다.[11] 역병의 창궐은 오랫동안 쌓인 긴장과 불만을 폭발시켰다. 브라질, 콜롬비아, 칠레, 페루 등 중남미 여러 곳에서 시위가 멈추지 않고 한편에서는 약탈과 방화가 난무했다.

어찌 그들을 야만적이라 비난만 할 수 있을까. 그들은 과거 정복자들이 그랬듯 폭력을 사용해 목소리를 낼 뿐이다. 오늘날 중남미의 혼란은 인종과 문화의 혼혈이 빛을 발하기 위한 산통이리라. 중남미가 어둠 속에서도 희망을 잃지 않고 빛을 찾아낼 날이 오리라 믿는다.

테무코
TEMUCO

테무코는 칠레 남부 라아라우카니아(La Araucanía) 주의 주도다. 이 지역은 마푸체 인디오의 땅으로, '테무코'는 마푸체어로 '테무(Temu)'라는 이름의 나무와 물을 뜻하는 '코(ko)'가 합쳐진 말로, '테무의 물'이라는 의미다. 에스파냐의 칠레 정복 당시 인디오의 마지막 요새라 할 정도로 마푸체족의 저항이 치열했던 곳이었으나 1881년 정부와 인디오의 조약을 통해 칠레 영토로 합병되었다. 테무코에 있는 천연기념물인 닉엘롤 언덕(Cerro Ñielol)은 협상이 이루어진 장소로, 종전과 화합을 상징하는 나무 조각상이 세워져 있다. 이후 유럽, 특히 독일인들의 이민과 더불어 도시 발전이 시작되었다. 테무코는 임업이 발달할 정도로 울창한 숲을 자랑하는데, 한국 건축자재 기업 이건창호의 칠레법인도 이 지역에 있다. 테무코 고속버스터미널에 내리자마자 나던 나무 향이 아직도 코끝에 맴도는 듯하다.

마푸체 인디오의 역사가 오래된 곳인 만큼 마푸체족 인구도 많다. 그들은 주로 농업 및 관광산업에 종사하며, 유럽 이민자들의 영향으로 대다수가 개신교나 가톨릭교를 믿는다. 이 지역은 마푸체 인디오의 저항이 여전하다. 2019년 시위 이후 마푸체 저항운동이 더욱 거세지면서 고속도로 점령이나 경찰 폭행, 심지어 절도, 방화, 납치 등의 범죄도 끊이지 않는다. 칠레 언론의 침묵 속에서 폭력이라는 극단적 행동으로 자신들의 목소리를 내야 하는 마푸체족의 상황에 대해 함부로 단언할 수는 없다.

> **TIP!**
> 칠레에도 고춧가루가 있다. 메르켄(Merquén)이라고 하는데, 구운 고추를 갈아 소금 등을 섞은 향신료다. 메르켄은 테무코 마푸체족의 전통 요리에 쓰이는 향신료에서 유래했지만, 지금은 칠레 요리에 일반적으로 쓰인다.

2 | 다문화 속 타문화, 혼종의 공간

　서쪽 태평양 연안에서 동쪽 안데스산맥까지 평균 넓이가 약 177킬로미터에 불과하지만 길이는 남쪽 위도 17도에서 56도 혼곶(Cape Horn)까지 약 4,300킬로미터에 달하는 나라 칠레. 게다가 수도 산티아고에서 3,750여 킬로미터 떨어진 폴리네시아 제도의 이스터섬, 칠레 남부 끝자락 푼타아레나스에서 4,000여 킬로미터 거리의 남극의 일부도 칠레의 관할 구역인 만큼, 칠레의 자연환경은 다양성의 결정판이다. 그리고 다양한 풍경과 기후만큼이나 사람들의 모습과 사는 방식도 다양하다. 그럼에도 불구하고 많은 칠레 사람은 칠레 사회가 동질적이라고 믿는 경향이 있다. 아마도 에스파냐어, 가톨릭교, 그리고 지리적으로 고립된 환경이 그런 믿음을 갖게 했을지도 모르겠다.

　그런데 에스파냐어도 가톨릭교도 지리적 고립도, 어쩌면

칠레라는 나라 자체도 중남미 대륙 원래의 모습은 아니었다. 에스파냐 정복자들이 도착하면서 중남미 대륙은 그들의 '신대륙'이 되었고, 에스파냐의 통치를 받으며 원주민의 언어는 에스파냐어로 대체되고, 토속종교는 가톨릭으로 겉옷을 갈아입고 중남미의 혼종적 가톨릭교가 되었다. 이제 가톨릭 전통은 원주민 전통 및 종교와 완전히 혼합되어 그 시작과 끝을 구별하기 어려울 정도다. 언어와 종교뿐 아니라 유럽 끝자락 이베리아반도에서 카스티야인, 카탈루냐인, 루시타니아인, 갈리시아인, 바스크인, 로마인, 아랍인, 유대인, 집시 등 에스파냐의 다양한 민족과 문화가 넘어와 칠레를 비롯한 중남미에서 여러 인종과 문화와 어우러졌다.

에스파냐 음식도 이제는 칠레 음식으로 자리 잡았다. 에스파냐의 대표 음식 파에야(Paella)를 먹는 것은 일상이다. 파에야의 원조라 자부하는 에스파냐 발렌시아(Valencia) 지방에서는 원래 토끼 고기와 다양한 종류의 파프리카를 넣어야 한다고 하지만, 칠레식 파에야는 토끼 고기 대신 닭고기, 초리소, 해산물, 옥수수 등 여러 가지 재료로 맛을 낸다. 엠파나다(empanada)는 밀가루 피에 여러 재료를 넣어 만든 일종의 만두다. 에스파냐를 비롯한 남부 유럽 요리인데 에스파냐의 지배를 받은 중남미 여러 나라는 물론 필리핀에서도 엠파나다를 먹는다. 엠파나다는 나라마다 특색이 있다. 칠레는 중남미에서 빵을 가장 많이 소비하는 나라인데, 빵의 주재료인 밀 역시 식민 시기에 들어왔다. 올리브유, 마늘, 와인 등도

혼종의 역사와 문화를 보여주는 칠레 전통춤 쿠에카(위)와 칠레식 엠파나다(아래)

에스파냐인들을 통해 소개되었다.

칠레는 독립 이후 유럽, 특히 독일을 비롯한 북유럽 이민자들을 받아들였다. 비록 소수지만 아시아 이민자들도 칠레를 택했다. 2010년 아이티 지진으로 바첼레트 정부에서 아이티 난민을 받아들이면서 칠레에서는 거의 볼 수 없던 흑인들도 눈에 띄기 시작했다. 남미 최초의 경제협력개발기구(OECD) 회원국, 언어가 통하고 그래도 먹고 살 만한 나라를 찾아 페루와 볼리비아, 베네수엘라와 콜롬비아 등에서 합법, 불법 이민자들이 칠레로 몰려들었다.

19세기와 20세기에 칠레로 이주한 독일, 이탈리아, 크로아티아 등 유럽 이민자들의 문화는 칠레의 문화로 자리 잡았다. 칠레 사람들은 'Yes'나 'OK'를 'Ya'라고 표현할 때가 많은데, 이는 독일어로 'Yes'를 뜻하는 'Ja'와 발음이 같다. 산티아고 시내에는 이탈리아클럽, 프랑스클럽, 에스파냐클럽, 카탈란(카탈루냐인)클럽 등 유럽 국가나 민족 이름을 내세운 사교 장소가 있다. 식당과 골프장을 비롯한 스포츠센터 등이 있어 사교나 취미 생활을 할 수 있다.

칠레는 중동을 제외하고 팔레스타인 인구가 가장 많은 곳이기도 하다.[1] 19세기 말 오스만 제국이 불안정해지자 팔레스타인, 시리아, 레바논 등지에서 기독교도 수천 명이 아메리카대륙으로 이주했다. 대부분은 미국에 정착했고 칠레에는 8,000~1만 명 정도가 정착했다고 추정되는데, 이들 중 약 50%는 팔레스타인인, 30%는 시리아인, 나머지 20%는 레바논 출신이다. 이들은 베이루트, 하이파, 알렉산드리아 항구를 출발해 마르세유나 제노바를 거쳐 아르헨티나의 부에노스아이레스(Buenos Aires)에 도착한 후 노새를 타고 안데스산맥을 넘거나 안데스산맥을 횡단하는 열차를 타고 칠레로 향했다. 칠레에 도착한 아랍인들은 대부분 상업에 종사했다. 20세기 후반부터는 아랍계 칠레인들이 상업에서 벗어나 정치·예술·문화 등 칠레 주류 사회로 진입해 활발한 활동을 벌이고 있다.[2] 1970년대 이후 칠레로 건너간 한국 이민자들이 처음 자리를 잡은 산티아고의 파트로나토(Patronato) 지역은 원래 아랍인들이 터를 잡고 상업에 종사하던 지역이었다. 전보다는 많이 줄었지만 지금도 파트로나토에는 아랍 음식을 파는 레스토랑과 카페 등이 있다. 칠레 생활 초기에 파트로나토에 있는 아랍 아저씨의 정육점에 가면 한국식 삼겹살을 살 수 있었다. 아랍계 성씨를 가진 칠레 친구와 구석구석 숨은 아랍 레스토랑과 카페를 다녀보기도 했다. 아랍계 칠레인들이 주류 사회에서 활동하기 시작하면서 칠레 전역에 아랍클럽이 생겨났고 아랍 문화를 유지하기 위해 애쓰고 있다.

아시아는 늘 칠레인들의 환상을 자극한다. 칠레 생활 초기에 내게 합장하고 인사하는 칠레 사람이 제법 많았다. 아시아계 이민, 특히 중국으로부터의 이민은 칠레가 경제 호황을 누리던 2010년 무렵부터 증가했는데 2013년에 중국인 6,000명 이상이 칠레 입국 비자를 받았다.[3] 지리적, 문화적

거리로 인해 아시아는 여전히 칠레 사람들에게 멀게 느껴질 수 있지만, 경제적으로는 중요한 파트너임이 분명하다. 2000년대 들어 젊은이들 사이에서 스시가 유행하기 시작했고 최근에는 한류 인기와 더불어 K-food도 관심을 받고 있다. 드물지만 베트남과 타이 등 동남아시아 식당도 눈에 띄기 시작했다.

가장 눈에 띄는 변화는 2010년 이후 물밀듯 유입된 이웃 중남미 국가의 이민자들이다. 쿠바, 베네수엘라, 아이티, 페루, 볼리비아, 콜롬비아 등에서 온 합법, 불법 이민자들로 인한 편견과 갈등이 사회적 이슈가 되고 있지만, 이와는 별개로 그들 문화가 칠레 사회에 빠르게 스며들고 있다. 에스파냐 식민지였다는 공통의 역사에서 비롯된 언어와 문화의 유사성으로 인해 거리감이 덜하면서도 칠레에는 없는 색다른 문화가 칠레 사람들을 끌어들이는 중이다.

타문화에 밀려 비록 지금은 소수가 되었으나 인디오의 언어와 문화는 칠레 사람들의 삶 구석구석에 녹아 있다. 어린 아기를 뜻하는 '구아구아(guagua)'는 아이마라(Aymara)어. 양념한 고기 꼬치 요리 '안티쿠초(anticucho)', 운동장을 뜻하는 '칸차(cancha)', 텐트를 뜻하는 '카르파(carpa)', 동전을 뜻하는 속어 '차우차(chaucha)'는 케추아(Quechua)어, 스튜의 일종인 '차르키칸(charquicán)', 배를 뜻하는 속어 '구아타(guata)', 덤을 뜻하는 '야파(yapa)'는 마푸체(Mapuche)어다.[4] 산티아고를 관통하는 마포초(Mapocho)강도 마푸체 인

칠레의 정체성을 상징하는 나무

알베르토우르타도 대학교(Universidad Alberto Urtado) 캠퍼스에 심어진 나무들로, 왼쪽 야자나무는 오세아니아, 가운데 오렌지 나무는 유럽, 오른쪽 아라우카니아 나무는 칠레와 중남미를 상징한다. 이 대학 건물은 19세기 말~20세기 초 칠레가 독립 이후 유럽 정체성을 형성하기 위해 노력할 무렵 지어졌다. 현재는 국가문화재로 지정되어 있다.

디오 말로 '땅을 관통하는 물'이라는 뜻이다. 매년 9월 18일 독립기념일은 성탄절 다음으로 중요한 칠레의 최대 명절이다. 이 독립기념일 행사에 빠질 수 없는 것이 있는데, 에스파냐에서 유래한 엠파나다와 케추아 인디오 음식에서 유래한 안티쿠초(Anticucho), 식민 시기에 소개되어 마푸체 인디오들이 곡물이나 과일로 만들어 마시던 퓨전 알코올 음료 치

차(Chicha), 유럽과 인디오의 춤이 섞인 칠레 전통춤 쿠에카
(Cueca)다. 에스파냐와 인디오, 두 문화의 만남을 잘 보여주
는 사례다.

국가를 건설한 크리오요 엘리트들에게는 에스파냐 정복
이전의 과거-식민지-공화국을 연결하는 공통 서사를 구축
해 국가정체성을 형성하는 일이 절실했는데, 미완의 정체성
은 칠레의 여전한 과제로 남아있다. 시민 교육을 통해 유럽
지향적 통일성을 강조해 왔으나 늘 정체성에 목말라 한다.
"국가 정체성은 존재하는가? 칠레 영토의 거주자로서 우리
를 구별하는 것은 무엇인가? 이 길고 좁은 땅에 공존하는 다
양한 문화를 어떻게 인식하고 소중히 여길 수 있을까? 칠레
인 모두가 소속감을 느낄 수 있는 사회적 구조는 어떻게 만
들 수 있을까?"[5] 혼종의 공간에서 칠레 사회는 칠레와 칠레
인을 정의하기 위한 끝없는 고민을 한다.

TIP!

이스터섬을 떠날 때는 짐가방을 열어 검사를 받아야 한다. 문화재 및 자연 유산의 보존을 위해 자생종의 반출을 엄격히 관리하기 때문이다. 예쁘다고 무심코 주워 가방에 넣은 돌이나 산호, 나무 조각도 빼앗길 수 있으니, 눈으로만 즐길 것!

이스터섬
ISLA DE PASCUA

칠레이면서 칠레가 아닌 곳. 언어도 문화도 칠레 본토와는 전혀 다른 섬이다. 남태평양 폴리네시아 지역에 위치하며, 현지어로 라파누이(Rapa Nui)라고도 하는데 '큰 라파섬'이라는 뜻이다. 에스파냐어로는 파스쿠아섬(Isla de Pascua)이라고 한다. 행정구역은 발파라이소(Valparaíso)주에 속해 있다. 칠레 본토와는 약 3,500킬로미터나 떨어져 있으며, 산티아고의 아르투로 메리노 베니테스(Arguto Merino Benítez) 공항에서 비행기로 약 5시간 40분이 걸린다. 18세기 네덜란드 탐험가 야코프 로헤베인(Jacob Roggeveen)이 이 섬을 발견한 날이 마침 부활절이라 섬 이름을 '이스터(Easter)'라고 지었다는 설이 있다. 에스파냐어 '파스쿠아'도 부활절이라는 뜻이다. 19세기에는 노예사냥과 천연두로 원주민 인구가 크게 줄었다. 1888년 칠레 해군 장교였던 폴리카르포 토로(Policarpo Toro)가 이 섬을 공식적으로 칠레 영토에 편입했지만, 라파누이 원주민은 사적 노예나 다름없이 생활하다가 1966년에야 칠레 시민권을 얻었다.

이스터섬은 1995년 '라파누이 국립공원'으로 유네스코 세계문화유산에 등재되었다. 현재는 유명한 모아이 석상과 독특한 생태 환경, 전통춤 같은 토속 원주민 문화로 칠레를 대표하는 관광지로 자리 잡았다.

3 | 칠레는 남미가 아니다

칠레 사람들은 독일 맥주를 마시고, 영국식 티타임을 즐기며, 이탈리아 아이스크림을 먹고, 프랑스 와인을 만든다는 우스갯소리가 있다. 그런데 이것은 사실이다. 매년 10월이면 맥주 축제 옥토버페스트(Oktoberfest)가 열리고, 온세라고 부르는 티타임을 즐기며, 프랑스에서는 사라진 카르메네르(Carménère)가 칠레 와인을 대표하는 품종으로 자리잡았으니 말이다. 가히 '짝퉁 유럽'이라 할 정도로 칠레 곳곳에 유럽의 흔적이 넘친다.

칠레는 1810년 에스파냐로부터 독립을 선언한 이후 약 100년 동안 유럽인들의 칠레 이민을 장려했다. 1824년에는 법률을 제정해 주로 영국, 독일, 스위스에서 온 이주자들로 하여금 도시 중심부에 거주하며 공장을 운영하거나 인구가 적은 남부 지역에 거주할 수 있도록 했다. 1854년 인구 조사에 따르면 전체 인구 중 외국 태생은 약 2만 명이었으며(당시 칠레 인구 약 100만 명[1]) 이들 중 대부분은 독일인이었다. 1882년에는 유럽 주재 칠레 이민국을 설립하고 스위스, 프랑스, 독일, 네덜란드에 지역 사무소를 설치해[2] 칠레 이주를 장려하고, 칠레에 정착하는 유럽 출신 가정에 미개간 지역의 토지를 무상으로 제공했다. 1883~1895년 사이에 북유럽에서 3만 1,000여 명이 칠레 남부 양키우에와 발디비아로 이주했다. 이러한 선택적 이민 정책의 결과, 1865~1920년 사이에 칠레 인구의 약 52.5%가 유럽계일 정도가 되었다.[3] 그러나 제1, 2차 세계대전 이후 난민 유입에 대한 두려움으로 외국인 입국을 법률로 제한하게 되면서 유럽인의 이민을 장려하는 선택적 이민 정책은 종지부를 찍었다.

그럼에도 불구하고 1930년대와 1940년대 남미는 유럽에서 망명한 사람들이 도피하기에 더할 수 없이 좋은 장소였고 칠레도 예외는 아니었다. 전쟁 중 박해를 피해 도망친 유대인뿐만 아니라 전범(戰犯) 기소를 피해 도망친 나치에게도 완벽한 곳이었다. 유대인들도, 나치도, 남미로 이주하기 위해 농부로 위장하거나 가톨릭으로 개종했다. 대사관 영사와 관리 들은 비싼 돈을 받고 위조문서를 팔았다. 나치 친위대 장교 아돌프 아이히만(Adolf Eichmann)이나 게슈타포 총수 클라우스 바르비(Klaus Barbie) 같은 이들은 남미로 도망쳤다가 이스라엘 비밀정보기관인 모사드(Mossad)나 나치 사냥꾼들에게 잡혔지만, 남미로 이주한 나치 대부분은 성을 바꾸는

En la novela Patagonia el escritor Sergio Gómez rescata la historia del **hombre acusado de la muerte de 97 mil judíos**

Walther Rauff,
la vida secreta de un nazi en Chile

이동식 가스 트럭을 개발한 나치 친위대 대령 발터 라우프

그는 미군 포로가 되었지만 수용소에서 탈출해 이탈리아, 시리아, 에콰도르를 거쳐 피노체트 군사정권 시절 칠레에 정착했다. 사진은 〈발터 라우프, 칠레 나치의 비밀스러운 삶〉이라는 제목의 칠레 일간지 《라 테르세라(La Tercera)》 2005년 7월 28일자 기사다.

식으로 정착을 도모했다. 사실 칠레에는 나치가 독일 정권을 잡은 1933년 이전부터 이미 나치즘을 추구하는 독일-칠레 청소년 조직이 있었다. 이후 나치 독일은 본격적으로 독일-칠레 공동체에 대한 나치화 정책을 추구했다. 독일계 칠레인 대부분은 나치 독일의 수동적 지지자였다고 알려져 있고 나치당의 지부가 칠레에 설치되기도 했다.[4]

에스파냐어로 독일은 '알레마니아(Alemania)'다. 한 학생의 성이 알레마니(Alemany)이길래 독일계 후손이냐고 물으니 독일계가 되고 싶던 증조부가 성을 바꿨다는 황당하면서도 재밌는 답변이 돌아왔다. 한번은 학회 참석차 오스트리

1910년에 칠레 독립 100주년을 기념해 영국인 이민자 공동체가 발파라이소시에 기증한 영국 아치(Arco Británico)

아 빈을 방문했다. 함께 간 사람들이 카페 자허 빈(Cafe Sacher Wien)에 가서 유명한 초콜릿 케이크를 꼭 맛봐야 한다고 했다. 그런데 카페에 가보니 산티아고에서 유명한 카페 모차르트(Cafe Mozart)와 분위기도, 맛도 너무 비슷해 놀랐다. 알고 보니 카페 모차르트의 주인이 오스트리아계였다.

영국인들의 이민도 칠레 국가 형성에서 매우 중요한 역할을 했다. 1811년 자유 무역, 그리고 1824년과 1845년 이민장려법이 제정되며 대규모 영국인 이주가 이루어졌다.[5] 두 나라는 오래전부터 주요한 무역 상대였다. 1840~1910년 사이에 영국인 이민자 5만 명 이상이 칠레에 정착했다. 이들 중 상당수는 마젤란해협을 통해 태평양에서 대서양으로 향하는 선박들의 주요 항구로 번성하던 푼타아레나스(Punta Arenas)에, 약 3만 2,000명은 항구 도시 발파라이소(Valparaíso)에 정착했다. 이들은 학교와 사교클럽, 스포츠클럽, 비즈니스 모임, 정기 간행물 등을 통해 시역에서 가장 크고 중요한 이민 집단을 형성했고, 축구, 경마, 티타임 등 칠레 문화에 영향을 미쳤을 뿐만 아니라 금융, 국방(해군) 등 특정 분야에서 오늘날까지 칠레 사회에 상당한 영향력을 행사하고 있다. 또, 영국 이민자들은 칠레 북부 광산에서 초석 붐이 일어났을 때부터 1930년대 초석 위기가 왔을 때까지 이키케(Iquique)와 피사구아(Pisagua) 항구에서 초석 무역을 통해 부를 쌓았다. 오늘날에도 이키케에는 승마클럽 이피코(Club Hípico)와 같은 영국의 흔적이 남아있다.

오늘날 칠레 최대 일간지《엘 메르쿠리오(El Mercurio)》도 영국의 영향이 강한 발파라이소에서 시작됐다.《엘 메르쿠리오》발파라이소 판은 산티아고 출신 언론인 페드로 비쿠냐 아기레(Pedro Félix Vicuña Aguirre, 1805~1874)가 1827년 9월 창간했으나, 1880년 발파라이소의 사업가 아구스틴 에드워즈 로스(Agustí Edwards Ross)가 인수했고, 그의 아들이 1990년《엘 메르쿠리오》산티아고 판을 창간했다. 에드워즈 가문은 웨일스 출신으로 19세기에 재정적·정치적 역량을 갖추기 시작한 이후 오늘날까지도 엘 메르쿠리오 언론사(El Mercurio Sociedad Anónima Periodística)의 소유주로서 칠레 정치에 막강한 영향력을 미치고 있다.

칠레는 아르헨티나, 브라질, 우루과이에 이어 남미에서 네 번째로 프랑스인이 많이 이주한 곳이다. 1840~1940년 사이에 주로 지롱드(Gironde), 샤랑트(Charente), 뒤랑(Duran), 제르(Gers), 도르도뉴(Dordogne), 프랑스령 피레네(Pyrénées) 등의 지역에서 프랑스인 2만여 명이 칠레로 이주했다.[6] 프랑스인들도 여느 이민자 집단과 마찬가지로 경제적 기회를 찾아 왔다. 프랑스인들은 처음에는 상업에 종사했지만 19세기 중반부터는 칠레 정부가 경매에 부친 마푸체 인디오의 땅에서 포도나무를 재배하기 위해 칠레 중부에 자리 잡았다. 프랑스는 이탈리아, 포르투갈, 에스파냐, 프랑스어권 스위스 등과 더불어 라틴계(Latin)로 분류된다.[7] 따라서 칠레 및 중남미와 같은 라틴 문화권의 프랑스인들은 칠레 사회에 비교적 빨리 동화될 수 있었다. 사업을 통해 재정적 성공을 거둔 이들 중 일부는 칠레 엘리트층과 혼인을 통해 사회적 지위를 강화했다.

프랑스계 사람 중에는 칠레 독립 영웅 베르나르도 오이긴스가 있다. 그는 아일랜드 출신 아버지와 프랑스령 바스크 출신 어머니 사이에서 태어났다. 이 가문은 바스크와 아일랜드 이민자 가문이 혼인으로 사회적 지위를 강화한 사례이기도 하다. 칠레의 독재자 피노체트와 군사독재정권 시절 군인이었던 아버지를 따라 정부의 박해를 피해 해외로 떠돌아야 했던 바첼레트 전 칠레 대통령도 프랑스인 이민자의 후손이다. 피노체트의 조상은 프랑스 브르타뉴(Bretagne) 지방의 랑발

(Lamballe) 출신으로 18세기에 칠레로 건너왔다.[8] 바첼레트의 증조부는 프랑스 샤사뉴 몽트라셰(Chassange-Montrachet) 지방의 와인 상인이었는데 1860년 파리 출신의 아내와 함께 칠레로 이주했다. 이민자는 아니지만 칠레에 머물며 문화적으로 기여한 프랑스인도 있다. 화가 레몽 몽부아쟁(Raymond Monvoisin)은 1842~1854년까지 칠레에 살며 산티아고 미술 아카데미를, 건축가 프랑수아 브뤼네 드 바인(François Brunet de Baines)은 칠레 최초 건축 학교를 설립했다.[9]

대규모의 조직적 이민은 아니었지만 19세기 초부터 칠레로 이주하기 시작한 이탈리아인들도 프랑스인과 더불어 칠레 와인 산업 발전에 기여했다. 이탈리아 리구리아(Liguria) 지역에서 상당수의 이탈리아인이 발파라이소 지역으로 이주했고, 이탈리아 학교도 설립했다.[10] 산티아고의 뉴뇨아(Ñuñoa)와 프로비덴시아(Providencia)도 이탈리아인들이 많이 거주해 '바리오 이탈리아(Barrio Italia, 이탈리아 지구)'라 불렸다. 이곳은 지금도 산티아고의 보헤미안 지역으로 알려져 있다.[11] 이탈리아인들은 물론 여러 나라에서 이민 온 장인들이 살았던 지역으로서의 명성은 지금도 세계 각국의 요리를 즐길 수 있는 레스토랑, 신기한 소품을 파는 상점과 작업장에 고스란히 남아있다. 유럽 스타일의 오래된 아파트들도 이 지역 특유의 분위기를 자아낸다. 주인이 이탈리아계인지는 확실하지 않지만, 레스토랑 리구리아(Liguria)와 아이스크림 전문점 엠포리오 라 로사(Emporio la Rosa)는 칠레 사람들이 즐겨 찾는 바리오 이탈리아의 맛집이다.

물리학자이자 작가이며 칠레 인종에 관한 연구로 유명한 니콜라스 팔라시오스(Nicolás Palacios, 1854~1911)는 "칠레 인종"을 에스파냐 서고트족과 마푸체 인디오라는 두 호전적인 종족의 혼합으로 간주했다. 그는 "두뇌 제어력이 부족하고 사회적으로 짐이 된다"는 이유로 남부 유럽인 이민에 반대했고,[12] 칠레는 국가 차원에서 이를 지지하고 암묵적으로 실천했다. 칠레는 "유럽계 단일민족"이라고 말하는 70대의 칠레 엘리트 지인이 있었다. 심지어 20대들도, 특히 상류계급일수록 "우리는 유럽"이라거나 "우리는 다른 중남미와 다르다"라고 말하곤 한다. 니콜라스 팔라시오스의 주장은 오랜 시간 칠레 사람들의 뇌리에 박힌 듯하다.

독일 학교, 스위스 학교, 프랑스 학교, 카탈로니아 클럽, 이탈리아 클럽 등등 칠레 곳곳에 유럽이 있다. 유럽은 정치, 경제, 사회, 문화 등 칠레의 삶을 지배한다. 유럽은 칠레인들의 뿌리인 동시에 칠레 사회가 하나로 통합하기 어려운 딜레마로 작동하기도 한다. 모두가 유럽인도, 모두가 마푸체 인디오의 후손도 아닌 칠레. "유럽계 단일민족"이라 믿는 그들의 연대가 앞으로 어떻게 전개될지는 아무도 모를 일이다.

발파라이소 역사 지구
HISTORIC QUARTER OF VALPARAÍSO

다채로운 색상의 집, 미로 같은 언덕, 언덕을 오르내리는 케이블카에 항구도시답게 드넓게 펼쳐진 바다, 그리고 1971년 노벨문학상을 수상한 칠레 시인 파블로 네루다(Pablo Neruda)의 집, 구석구석 자리 잡은 화랑과 공방, 허끝을 즐겁게 해주는 레스토랑들이 있는 칠레 제2의 도시 발파라이소는 아무리 걸어도 지루할 틈이 없다. 칠레 의회와 해군 본부가 있는 이 도시는 유럽에서 이주민이 몰려들던 19세기 후반 '작은 샌프란시스코', '태평양의 보석'으로 알려지며 급격하게 성장했다. 2003년에는 '발파라이소 항구도시 역사 지구(Historic Quarter of the Seaport City of Valparaíso)'로 유네스코(UNESCO) 세계문화유산에 지정됐다. 좁은 거리를 따라 걷다 보면 끝도 없는 계단, 19세기 말에서 20세기 초에 지어진 아름다운 건축물을 만날 수 있다. 매년 연말이면 12월 31일에서 1월 1일로 넘어가는 자정에 태평양에서 벌어지는 불꽃놀이 축제를 보려는 사람들도 붐빈다. 그런데 2024년 2월 3일 이 아름다운 도시에서 화재가 일어났다. 113명의 사망자가 발생하고 비냐델마르(Viña del Mar), 리마체(Limache), 킬푸에(Quilpué), 비야알레마나(Villa Alemana) 등 근처 도시가 거의 불탔다. 2010년 2월 27일 진도 8.8의 강진 이후 최대의 재난이라 할 화재로 아름다운 발파라이소가 옛 모습을 다시 찾기까지는 꽤 오랜 시간이 걸릴 것 같아 안타깝다.

> **TIP!**
> 발파라이소는 컬러풀한 도시로도 유명하다. 보헤미안과 힙스터 들이 이 도시에 몰려들면서 오래된 건물 벽과 계단 등 도시 곳곳에 개성 넘치는 벽화를 그렸기 때문이다. 이 알록달록한 벽화로 가득한 언덕 마을은 부산 감천문화마을의 모티브가 되었다고!

4 | 유럽중심주의를 파고든
'양키' 문화

칠레가톨릭대학교의 한 학생은 통일된 한반도를 가정한 토론에 참여한 경험에 대해 이야기하면서 한반도 문제는 "우리 '서구' 학생들에게도 중요한 문제"라고 말했다.[1] 한국 사람들은 중남미를 제3세계로 분류하는 경향이 있으나 중남미 사람, 특히 엘리트층은 자신들을 서구인, 그중에서도 유럽인이라 생각한다. 식민의 경험을 가진 중남미에서 불완전한 거버넌스와 빈부격차가 서구적 개인성이 온전히 발현될 여지를 없애지만, 중남미 사람들은 그런 사회의 구조와 일치하지 않는 자기 인식, 즉 서구적 자아를 가지고 있다.

1818년 에스파냐로부터 독립을 선언한 이후 칠레 정부는 인종과 문화의 모자이크 같은 사회에서 하나의 정체성을 확립할 필요성을 느꼈다. 19세기 중반 프란시스코 빌바오(Francisco Bilbao)나 호세 빅토리노 라스타리아(José Victorino

Lastarria) 같은 칠레 지식인들은 신흥 국가의 정체성을 연구하면서 에스파냐의 문화유산에 대해 강력하게 비판했다. 그들은 에스파냐를 대신할 문화로 영국, 프랑스, 독일, 미국과 같은 산업 국가에서 영감을 구할 것을 강조했다.[2] 이러한 분위기에서 칠레는 에스파냐보다 더 유럽적인 백인 국가를 만들기 위해 선택적 이민 정책을 통해 유럽, 특히 북유럽 백인들을 인구가 적은 지역에 정착시켜 "인종 개선"[3]에 기여할 수 있도록 했다.[4] 결과적으로 칠레의 정체성은 유럽 정체성과 연결되었으며 이후 칠레의 지배적인 문화 정체성 형성에 중요한 역할을 했다. 칠레 엘리트들은 정치적으로나 종교적으로는 보수적이었지만, 유럽의 기술 및 과학적 지식을 통해 교육 시스템과 국가의 전반적인 문화를 발전시키고 개선하기 위해 많은 유럽의 과학자들을 끌어들였다.

칠레에서는 부모의 성씨를 모두 쓰는데 두 성씨 중 하나만 독일계여도 "나는 독일 사람이야"라고 자랑스레 말하는 사람들이 제법 많다. "그래도 너는 칠레 사람이잖아" 하면 꿋꿋하게 자기는 독일 사람이라고 강조한다. 어느 모임에서 처음 본 남성이 "내 아내는 프랑스 사람이야"라고 해서 의아했던 적도 있다. '그게 뭐?' 하는 내 표정에 오히려 그가 더 당황한 표정을 지었다. 또한, 칠레 국적법은 이중 혹은 다국적을 허용하기 때문에 엘리트층에서는 유럽을 여행할 때 EU 여권을 사용하는 사람이 많다. 칠레와 에스파냐 이중 국적을 가진 남성과 결혼해 에스파냐클럽 회원권을 얻은 친구는 클럽에서 에스파냐 전통춤과 노래를 배우고 가끔 자랑하듯 나를 클럽 레스토랑에 초대했다. 프랑스클럽 회원이던 친구는 클럽에서 열린 남편 생일 파티에 나를 초대했다. 외교관이었던 친구의 시동생은 내게 클럽을 구경시켜 주면서 "네가 상대하는 사람들은 지금 이 클럽에서 보이는 사람들이라는 점을 명심해"라고 말했다. 칠레 엘리트들은 여름 휴가철에 유럽 여행을 선호한다. 이들에게 유럽 여행은 단순한 여행 이상으로 고향, 뿌리를 찾는 마음이랄까.

그런데 20세기에 들어 미국의 중남미 투자가 기록적으로 대폭 증가했다. 동시에 미국 문화가 칠레로 흘러들어왔다. 1950년대 칠레에 처음으로 텔레비전이 소개되면서 미국 문화는 칠레 사람들에게 급속도로 퍼지기 시작했다. 실상 이는 칠레 사람들이 접한 최초의 비유럽 문화였다. 문화적으로 유럽 지향적인 사회 분위기에서 보수 엘리트층은 미국 문화를 '양키 문화'라며 비하했지만, 음악과 영화 등 미국 대중문화의 인기를 막을 수는 없었고 '미국화(norteamericanización)'라는 말까지 생겨났다. 1997년 피노체트 군사독재정권 당시 군대 퍼레이드 중계방송에서 코카콜라와 안데스산맥이 오버랩된 광고가 방송되기도 했다. 이는 칠레와 미국이 친밀한 관계임을 보여주는 상징적 장면인 동시에 칠레가 '세계화'에 공식적으로 편입했음을 보여주는 것이기도 했다. '미국화'는 경제력과 기술력의 확장, 그리고 미국식 생활 방식이 칠레 생활에 스며들기 시작했음을 의미했다.[5]

칠레에 대한 미국의 영향은 제2차 세계대전 이후 냉전체제가 강화되면서 본격화되었다. 미국은 19세기 먼로독트린(Monroe Doctrine)을 통해 중남미에서 유럽의 영향력을 견제하기 시작했다. 제임스 먼로(James Monroe, 1817~1825 재임) 미국 대통령이 1823년 12월 의회 연설에서 이 외교 방침을 발표한 무렵은 중남미 국가들이 에스파냐와 독립전쟁을 치르고 있던 때였다. 먼로독트린의 주요 골자는 신대륙과 구대륙은 서로 구별되어야 하며, 유럽 강대국이 신대륙 지역의 주권 국가를 통제하거나 영향을 미치려는 행위는 미국 안보에 대한 위협으로 간주하겠다는 것이다. 먼로 대통령은 또한 미국은 기존의 유럽 식민지를 인정하거나 간섭하지 않으며 유럽 국가의 내정에도 간섭하지 않을 것이라 밝혔다.[6] 유럽이 이를 그대로 수용했을 리 없다. 중남미에서 입지를 굳혀가는 미국에 반대하는 차원에서 19세기 중반 프랑스에서는, 대서양을 건너 유럽 문화를 전파한 프랑스, 에스파냐, 포르투갈 이민자들을 '라틴 인종(Latin Race)'이라 부른 것을 바탕으로 '라틴아메리카'라는 용어가 탄생했다.[7]

제2차 세계대전 중 미국은 권력을 드러낼 수 있는 방위 조직의 창설, 조약과 협정 체결 등을 통해 아메리카대륙에서 영향력을 행사하기 시작했다. 칠레는 전쟁 중에는 중립적 태도를 보였으나 전후 미국으로부터 육군 교육과 훈련, 군사 장비의 지원을 받으며 미국과의 관계를 다져갔다. 그러나 1973년 칠레 군사쿠데타 이후 미국이 인권 침해를 이유로 칠

레에 대한 모든 군사 지원을 중단했다.[8]

　오늘날 칠레에서 미국의 정치적 영향력은 실상 그리 크지 않다. 반미 시위도 없다. 지리적으로 먼 데다가 이념적으로 이슈가 될 만한 정치적 사건도 없기 때문이라 생각된다. 그러나 유럽 문화를 선호하는 사회 전반의 분위기는 여전하다. 미국과의 접촉이 시작되며 칠레 사회는 미국의 정치적 영향력과 경제발전 모델은 인정하면서도 문화적으로는 유럽보다 하위의 '양키(Yanqui)' 문화로 취급하는 경향이 있다. 독일의 역사학자 스테판 링케(Stefan Rinke)는 20세기 첫 30년 칠레가 정치적·경제적·사회적으로 다양한 문제를 겪는 동안 "'양키'와의 만남이 두드러지고 강화되었지만 지식인들은 양키 문화에 대한 두려움을 숨기지 않았다고 말했다.[9] 1898년 미국-에스파냐 전쟁에서 에스파냐는 쿠바와 필리핀을 잃었다. 미국-에스파냐 전쟁은 신대륙 미국이 구대륙 유럽 세력을 물리치며 '새로운 시대'를 열게 될 것이라는 신호탄을 쏘아 올린 상징적 전환점으로 자리 잡았다. 에스파냐로부터 독립한 신생 중남미 국가들은 이제 구대륙이 아닌 신대륙 미국에 의해 '재발견' 되었다는 두려움을 갖게 되었지만, 필요에 의한 관계를 강화해 갔다. 1917년 칠레는 미국의 남미 투자 중심지가 되었다. 1898년부터 1932년까지 칠레 사람들은 미국에 대해 '미래의 나라', '현대성'을 느끼는 동시에 '위험한 양키'라는 양가적 감정을 느끼고 있었다.

　지금도 50, 60대 이상의 칠레 엘리트층은 프랑스어 구사

능력을 엘리트의 표상으로 여긴다. 젊은이들 사이에서는 프랑스어보다 영어의 중요성이 높아지고는 있지만, 어쨌든 영어는 대학입시의 필수 과목이 아니고 프랑스 문화가 문화 자본의 상징이라는 사실은 여전하다. 칠레에는 야구도 미식축구도 없다. 미국의 록 음악은 칠레 음악과 혼합되어 '누에바 칸시온(Nueva Canción)' 으로 다시 태어났다. 친근함과 거리감, 이끌림과 거부감, 두 얼굴을 가지던 시기를 지나 이제 미국 문화는 아보카도가 가득 들어간 칠레식 맥도날드 햄버거와 함께 칠레 문화의 일부로 자리 잡고 있다.

푸에르토바라스
PUERTO VARAS

칠레 남부 로스 라고스(Los Lagos)주의 주도이자 항구도시인 푸에르토바라스는 파타고니아의 관문으로 알려진 푸에르토몬트(Puerto Montt)와 북쪽으로 이웃하고 있다. 양키우에 호수 남서쪽 기슭에 자리해 호수 건너로 눈 덮인 오소르노(Osorno) 화산과 칼부코(Calbuco) 화산을 한눈에 바라볼 수 있는 환상적인 곳이다. 푸에르토몬트에서 멀지 않아 조금 더 한적하고 휴양하기 편한 곳을 찾아 많은 여행객이 방문한다. 푸에르토바라스는 푸에르토몬트와 함께 마누엘 몬트(Manuel Montt, 1851~1861 재임) 대통령 시절 국가 프로젝트의 일환으로 독일 이민자들의 주거지로 건설되었다. 이름은 1853년 당시 내무부 장관이던 안토니오 바라스(Antonio Varas)의 이름을 딴 것이다. 1853년 말까지 독일인 212가구가 정착했는데, 아직도 도시 곳곳에는 독일 문화의 영향이 남아있다. 전형적인 독일식 주택과 20세기 초 지어진 예수회 교회 등이 대표적이다. 1992년 문화유산보호구역으로 지정되었다. 하이킹, 승마, 낚시, 래프팅 등 다양한 야외 활동을 즐기고 싶다면 가볼만한 곳이다. 〈알프스의 소녀 하이디〉에 나오는 초원과 독일식 건물들을 보면 스위스에 와 있는 듯한 기분을 느낄 수 있다.

TIP!
매년 2월 첫 번째 토요일에 '쿠헨데이(Kuchen Day)'가 열린다. 쿠헨은 독일식 케이크인데, 칠레에서는 각종 과일을 곁들여 굽는 것이 특징이다. 이날 시내 곳곳에서 쿠헨을 비롯한 다양한 디저트는 물론 독일 음식과 수제 맥주, 빵, 초콜릿, 잼 등을 판매한다.

3장

가깝고도 먼 이웃들

외교 · 자원

1 | 넘치는 자원의 땅, 누가 주인인가?

칠레가톨릭대학교 산호아킨(San Joaquín) 캠퍼스에는 2010년 국가 건축상 수상자인 칠레 유명 건축가 엔리케 브라운(Enrique Browne)이 설계한 구리로 덮인 원통형 건물이 있다. 칠레 경제를 쥐락펴락하는 룩식(Luksic) 가문과 칠레가톨릭대학교가 공동으로 자금을 조달해 지은 안드로니코 룩식 아바로아 컴플렉스(Complejo Andrónico Luksic Abaroa)다. 3,500여 제곱미터의 지하 시설과 1,200여 제곱미터의 녹지를 갖춘 이 건물은 대규모 광산 균열과 흡사한 모양을 하고 있다.[1]

안드로니코 룩식 아바로아는 1900년대 초 안토파가스타(Antofagasta)시에 정착한 크로아티아 이민자 가족의 아들인 폴리카르포 룩식 류베틱(Policarpo Luksic Ljubetic)과 칼라마(Calama)시 출신의 칠레-볼리비아 여성 엘레나 아바로아

칠레가톨릭대학교의 '안드로니코 룩식 아바로아 컴플렉스'

(Elena Abaroa) 사이에서 태어났다.[2] 그는 안토파가스타를 기반으로 부를 축적해 오늘날 광물과 식음료 등 다양한 사업을 통해 칠레는 물론 남미 최고의 부자이자 전 세계에서도 손꼽히는 부를 누리고 있다.

안토파가스타는 원래 볼리비아 영토였으나 칠레와 페루-볼리비아 연합 사이에 벌어진 태평양전쟁에서 칠레가 승리하고, 이후 1904년 칠레와 볼리비아가 맺은 협정에 따라 칠레 영토가 되었다. 전통적으로 칠레의 주요 광산 지역이자 항구도시로서 오늘날에도 칠레 광산업의 허브 구실을 하고 있다. 19세기 중반부터 은과 주석 채굴로 중요한 도시였고 2013년부터 원자재 붐을 타기 시작하면서 더욱 알려졌으며, 리튬 채굴 중심지이기도 하다.[3] 칼라마시 또한 아타카마(Atacama)사막 지역에 위치한 주요 광업 도시로, 안토파가스

페루

볼리비아

아레키파

라파스

타크나

오루로

아리카

수크레

포토시

태평양

이키케

우유니 염호

칼라마

안토파가스타

아타카마 염호

올라로즈 염호

옴브레 무에르토 염호

칠레

탈탈

아르헨티나

페데르날레스 염호

푼타네그라 염호

마리쿤가 염호

칠레와 볼리비아, 아르헨티나에 걸쳐 있는 리튬 트라이앵글

타와 칼라마 두 도시는 오늘날 '리튬 트라이앵글'로 불리는 칠레, 아르헨티나, 볼리비아에서 핵심 역할을 담당하고 있는 곳이라 해도 과언이 아니다.

'21세기의 하얀 석유'라 불리는 리튬은 휴대폰, 전기차 등 2차 전지 시장에서 대체 불가능한 자원으로, 4차 산업의 핵심이다. 칠레는 전 세계 리튬 매장량의 41%를 보유하고 있으며 오스트레일리아(25.4%), 아르헨티나(9.8%), 중국(6.7%)이 그 뒤를 잇고 있다.[4] 2013~2021년까지 칠레의 탄산리튬 수출은 전체 수출의 약 0.8%를 차지했는데 2022년에는 8.2%로 증가했고 그 중 상당량은 중국, 한국, 일본으로 수출되었다. 리튬은 2022년도 수출의 45.3%를 차지한 구리에 이어 칠레의 주요 수출품이 되었고 그 중요성 또한 점점 더 커지고 있다.[5]

2023년 2월 미국의 테슬라(Tesla) 경영진은 칠레를 방문해 칠레 외교부와 생산진흥청(CORFO, La Corporación de Fomento de la Producción), 광업부와 세 차례 회담을 가졌다. 테슬라 측은 칠레의 리튬 산업 발전을 위해 협력하는 데 관심을 표명하고, 아타카마 염지(鹽地)에서 요오드와 리튬, 산업용 화학 물질을 공급하는 칠레의 화학회사 SQM(Sociedad Química y Minera de Chile)과 경쟁을 벌이고 있는 미국 화학회사 앨버말(Albermarle) 관계자들과 함께 아타카마 리튬 생산지를 방문했다.[6] 남미에는 안데스산맥과 'pre-Andean'이라 부르는 안데스산맥 이전 지점의 두 유형의 염지가 있는데, 이 중 안데스 이전 지역 염호에 리튬 함량이 더 높은 것으로 알려져 있다. 칠레에는 안데스 이전 지역 중 아타카마, 푼타네그라(Punta Negra), 페데르날레스(Pedernales), 마리쿤가(Maricunga) 등 네 곳에 염지가 있는데 SQM과 앨버말이 아타카마에서 리튬을 생산 중이다.[7] 앨버말은 미국이 소유한 채굴권을 통해 아타카마에서 리튬을 생산하고 있다. 이 같은 테슬라의 행보는 칠레 정부가 국립리튬회사 설립 계획을 제시할 것이라는 맥락에서 이루어진 것이라는 분석이다.[8] 테

아타카마 염지의 리튬 생산지

슬라는 경영진의 칠레 방문 이후 2024년 2월 산티아고 시내에 남미 최초로 전기자동차 매장을 열었다.[9]

리튬 삼각지대의 패권 전쟁에서 중국의 움직임도 심상치 않다. 중국의 칭산(Tsingshan)그룹은 2023년 10월 약 2억 3,320만 달러를 투자해 12만 톤의 리튬인산철(LFP)을 생산할 수 있는 공장을 칠레 안토파가스타 지역에 건설할 예정이라고 밝혔다. 이 공장은 2025년 5월에 시험 가동될 예정이며 본격적으로 가동이 시작되면 600여 개의 일자리를 창출할 것으로 예상해 칠레에서도 기대가 크다.[10] 칭산그룹 외에도 중국의 리튬 공급업체인 텐치리튬(Tianqi Lithium)은 칠레 최대 리튬 생산업체인 SQM 지분의 23%를 매입했으며 점차 지분을 늘려갈 계획이다. 또한, 중국 전기차 제조업체 BYD는 칠레 북부에 2억 9,000만 달러 규모의 리튬 양극 배터리

생산 공장을 짓고 있다.[11]

칠레 정부는 이러한 리튬 전쟁을 역사적인 기회로 삼고자 국가 전략을 마련 중이다. 오스트레일리아 리튬 회사 LPI(Lithium Power International)는 2023년 10월 중순 칠레 국립구리공사(Codelco, Corporación Nacional de Cobre)의 자회사인 마리쿤가 염지(Salar de Maricunga) SpA에 자사 주식 매각을 승인했다고 밝혔다.[12] 국립구리공사는 1971년 살바도르 아옌데 대통령 시절에 외국 소유 구리회사를 국유화하여 1976년에 설립한 칠레 국영 구리광산회사다. 주식 인수는 2023년 4월 20일에 발표된 국가 리튬 전략에 따라 국립구리공사 이사회의 승인을 받았다. LPI는 '하얀 계획(Proyecto Blanco)'이라고도 알려진 마리쿤가 염지(Salar de Maricunga)의 리튬 프로젝트를 소유하고 있었다.[13] 칠레는 리튬을 국가 경제발전과 글로벌 수준의 녹색 경제로의 변화를 연결하는 핵심 산업 개발의 축으로 활용해 국가의 부를 늘리겠다는 계획이다.

그러나 개발의 이면에는 자연환경 파괴라는 변수가 있다. 리튬을 생산할 때 염지에 시추한 후 염수를 끌어올리는데, 염수가 증발할 때 리튬 농도가 6%까지 올라간다고 한다. 그런데 이 과정에서 엄청난 양의 물이 사용된다. 칠레를 비롯한 리튬 생산국들은 최근에서야 이 문제에 관심을 기울이기 시작했다. 물 접근성, 지역사회의 이익, 지속가능성과 수익성 있는 운영의 균형을 유지하기 위한 도전과 노력은 비단 리튬 산업뿐만 아니라 구리, 금 등 칠레 광산업 전체의 과제다. 그러나 업계에는 여전히 명확한 운영 수칙이 없다는 점이 더 큰 문제다.[14] 경제적·환경적 관점을 모두 고려한 지침이 마련되어야 한다는 목소리는 있지만 아직 뚜렷한 대책 없이 개발에만 박차를 가하는 분위기다.

2023년 4월 말 가브리엘 보리치 칠레 대통령은 리튬 국유화를 발표하면서 경제적·사회적 이유는 물론 환경 의식의 중요성을 강조했다. 세계 언론들은 칠레의 리튬 국유화로 희토류 원소를 중심으로 한 친환경주의 정책이 전 세계적으로 대두될 것이라 예측했다.[15] 그러나 세계에서 가장 건조한 사막지대에서 살아온 인디오와 동물들의 생존을 보장해 준 물과 토양이 이미 돌이킬 수 없는 피해를 입었다는 연구 결과도 나온 지 오래다.[16] 안데스산맥의 소금 평원과 습지 보호를 위해 활동하는 민간기구 '안데스 소금 평원 다국적 관측소(Observatorio plurinacional de salares andinos)'는 칠레에서 생산된 리튬의 주요 소비국은 유럽연합과 미국, 중국 등이라며 "기후변화에 대응할 대체 에너지가 전 세계를 오염시키는 경제에 이득을 주는 잘못된 해결책"이라고 지적했다.[17] 무엇이 잘사는 길인가. 안타깝게도 선택은 그 땅에 사는 사람들의 손을 떠난 지 오래다.

2 | 페루, 사라지지 않은 적대감

2026년 캐나다, 미국, 멕시코에서 열릴 제23회 FIFA 월드컵 남미 예선으로 2023년 10월 13일 칠레와 페루의 경기가 열렸다. '퍼시픽 클래식(Clásico del Pacífico, 영어로 Pacific Derby)이라고도 불리는 태평양 연안 두 앙숙의 라이벌전은 오랜 정치적 분쟁까지 더해 경기장 안팎에서 치열한 경쟁을 벌였다(경기 결과는 2 대 0, 칠레의 승리였다).

칠레와 페루 두 나라의 적대 관계는 식민 시기 이전으로 거슬러 올라간다. 일부 역사가들에 따르면 에스파냐 정복자들이 칠레에 발을 디딜 당시 칠레 중부 지역은 최소 약 60~130년 동안 잉카제국의 지배를 받았다.[1] 잉카제국의 주요 정착지는 아콩카과(Aconcagua) 강과 마이포(Maipo) 강을 따라 자리하고 있었고 그들의 최우선 정착지는 아콩카과 계곡과 키요타(Quillota) 지역이라는 설이 유력하다.[2] 물론 칠레에 최초로 입성한 유럽인은 당시에는 칠레 영토가 아니었던 마젤란해협을 발견한 마젤란 탐험 대원들이었다. 에스파냐 정복자들은 이전에도 칠레를 침략했었는데 효용이 없는 땅이라 간주하고 퇴각한 바 있다.

그러나 1539년 4월 잉카제국을 점령한 프란시스코 피사로(Francisco Pizarro, 1475~1541)는 페드로 데 발디비아를 부총독으로 임명하고 칠레를 점령하라는 명령을 내렸다. 발디비아는 마푸체 인디오의 거센 저항을 제압하고 1541년 수도 산티아고를 세웠으며, 칠레는 페루 부왕령의 일부가 되었다.

페루는 식민 말기까지 신대륙에서 중요한 에스파냐 영토로 간주되었다. 포토시(Potosí) 광산에서 생산되는 막대한 양의 은과 인디오들의 노동력을 바탕으로 광산업자와 상인들은 해안 도시 리마(Lima)에서 화려한 삶을 누릴 수 있었다. 그러나 경제적 풍요는 오히려 정치적 불안정을 초래했고, 동쪽이 안데스산맥으로 가로막힌 채 남미 대륙 서쪽에 위치한 리마의 지형은 에스파냐와의 효율적인 소통에 걸림돌이 되었다.

1808년 에스파냐의 왕 페르디난드 7세(Ferdinand VII)와 아들이 나폴레옹에게 인질로 잡혀가자 아메리카대륙의 에스파냐 본토인과 크리오요 들은 전 지역에서 권력 경쟁을 벌였다. 대부분 지역에서 크리오요들이 자치 정부를 수립하며 이후 15년간 에스파냐 본토에 맞서, 그리고 내부의 적에 맞서 독립을 위한 치열한 전투를 벌여야 했다. 1817년 아메리카디륵 대생의 전직 에스파냐군 장교 호세 데 산마르틴(José de San Martín, 1778~1850)은 아르헨티나에서 5,000명의 병력을 이끌고 안데스산맥을 넘어왔다. 그는 칠레 독립전쟁을 이끌던 베트나르노 오이긴스와 동맹을 맺고 왕당파들을 물리치고 1818년 칠레의 독립을 선언했다. 산마르틴은 기세를 몰아 북쪽 페루로 진격했다. 부왕령으로서의 혜택을 누리고 있던 페루는 독립전쟁에 그다지 관심을 보이지 않았으나 산마르틴의 공격으로 1821년 왕정이 물러나고 독립했다.

칠레보다 독립이 늦은 만큼 페루의 발전도 더뎠다. 페루는 300년 동안 식민지의 에스파냐 왕정을 대표하는 지역 중 하나였고 부왕령의 전통과 위계적 사회구조로 인해 공화국 건설부터 애를 먹었다. 국민의 60%가 원주민 인디오였고 이들 대부분은 문맹이었다. 외국의 정치 모델을 따른 새로운 형태의 국가 건설은 실패로 돌아가, 광활한 영토는 분열되고 권력을 장악한 강력한 카우디요(Caudillo)들이 등장하기 시작했다. 이 군벌 세력은 전직 군인 혹은 지주였는데 식민 시기부터 지방 유지 노릇을 하던 터였다.

식민 기간에 칠레는 페루 부왕령에 속해 있으면서 자치 행정을 유지했지만, 실상은 페루 부왕령으로부터 거의 버려진 상태였고 이로 인해 칠레는 오히려 자립할 힘을 키울 수 있었다.[3] 19세기 미국의 골드러시(1848~1858)가 일자 칠레 항구도시 발파라이소는 미국으로 향하는 선박들의 중간 기착지가 되었다. 당시 페루 중부에 부왕령 시기부터 주요한 무

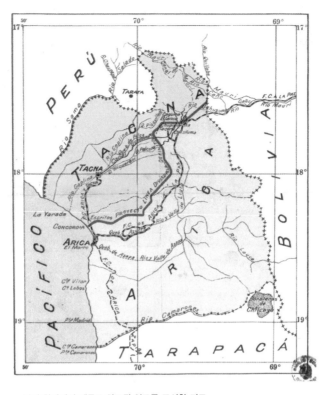

1929년에 칠레에서 페루로 양도된 영토를 표시한 지도

역항이면서 발파라이소보다 약 3,230킬로미터나 북쪽에 위치해 미국과 더 가까운 카야오(Callao)항이 있었지만, 발파라이소는 그를 능가하는 골드러시 지원지와 공급처로 발돋움했다.

칠레 독립 이후 발파라이소는 영국, 독일, 프랑스, 스위스, 이탈리아 등 유럽 여러 나라에서 이민자를 받아들여 다양한 언어가 사용되고 신문도 발행되었다. 금광 채굴 업자들은 불안정한 정치 상황이 이어지고 무맹이 인디오가 넘치는 페루의 카야오항보다 칠레의 발파라이소항을 선호했다.

1879~1883년 페루-볼리비아 연합과 칠레 사이의 태평양 선생에서 페루는 또 한 번 고배를 마셨다. 페루는 부왕령에 속해 있으면서 허락 없이 독립한 칠레가 내내 눈엣가시였다. 칠레와 볼리비아 사이에 아타카마사막 광산 개발을 둘러싸고 세금 문제로 분쟁이 일어나자 페루는 중재를 빌미로 볼리비아와 연합했으나 패배하고 광물자원의 보고인 타라파카(Tarapacá)를 잃었다. 이후 1929년 리마조약(Tratado de Lima)에 따라 칠레는 페루에 타크나(Tacna)를 반환하고 아리카(Arica)는 칠레 영토로 남았다. 식민 시기의 영광을 되찾고 남미의 주도권을 유지하려던 페루는 태평양전쟁의 패배로 가혹한 현실에 부딪혔다. 초석과 구아노 산지는 물론 적군의 점령 기간 중 관세 징수권마저 상실했다. 전함과 항만 시설, 그리고 수많은 예술품과 역사적 유물도 파괴되었다. 국가 위신을 실추하고 경제는 파탄에 이르러 정부 예산은 1870년의 3분의 1 수준으로 감소하고 외채는 2억 달러 이상에 이르렀다.[4]

2008년 1월 16일 페루는 칠레를 상대로 유엔 국제사법재판소(ICJ, International Court of Justice)에 제소해 양국이 분쟁 중인 3만 8,000킬로미터의 바다 면적 중 절반 이상을 페루가 차지하게 되었지만, 전쟁은 아직 끝나지 않았다. 2023년 5월에는 칠레와 페루 국경에서 불법 이주민 문제로 양국 군대가

페루의 세비체와 피스코 사워

충돌했다. 2019년 칠레에서 발발한 시위와 코로나19 유행으로 칠레 물가가 상승하고 반이민 분위기도 고조되어 페루를 통해 본국으로 돌아가려는 베네수엘라인들이 몰린 것이 원인이었다. 칠레에서 일하다 귀국하려던 페루인들도 이 무리와 함께 칠레에 접한 페루의 국경도시 타크나에 갇혀 귀향을 기다려야만 했다.

또 칠레와 페루는 '세비체(Ceviche)'라는 음식과 '피스코(pisco)'라는 술을 두고 신경전을 벌이고 있다. 세비체는 페루에서 유래한 남미 해산물 요리로, 날생선에 고추와 소금, 각종 조미료, 다진 양파, 고수를 넣고 레몬이나 라임으로 시큼한 맛을 더한다. 세비체라는 이름은 신선하고 부드러운 생선을 가리키는 케추아(Quechua) 인디오어인 '시위치(siwichi)' 에서 유래했다고 한다. 피스코는 발효된 포도즙을 증류해 만 드는 브랜디로, 알코올 도수가 높아 주로 '피스코 사워'라는 칵테일을 만들어 마신다. 페루에서는 피스코 사워에 라임즙 과 설탕 시럽, 달걀흰자, 그리고 약용주인 앙고스투라 비터 스(Angostura bitters)와 얼음을 넣는다. 칠레 버전은 칠레 피 스코와 피카 라임(매우 신 품종의 라임)을 사용하고 비터스는 넣지 않는다. 두 나라는 서로 세비체와 피스코를 자기 나라 의 전통음식, 전통주라고 주장한다. 페루는 자신들이 원조 라 주장하고, 칠레는 칠레 버전의 독창성을 자랑한다. 물론 페루는 그런 칠레에 발끈한다. 2018년 칠레관광공사는 브라 질에서 열린 홍보 행사에서 세비체와 피스코 사워를 칠레 전 통음식으로 내세워 페루의 공분을 샀다. 두 나라는 세비체나 피스코뿐만 아니라 감자와 전통춤 쿠에카까지 원조 경쟁을 한다.

이런 묵은 적대감에도 불구하고 두 나라는 2012년 콜롬비 아, 멕시코와 함께 태평양 동맹 무역 블록을 형성하여 협력 가능성을 보여주었다. 2009년에는 양국 간에 자유무역협정 을 체결해 무역도 증가해왔다. 칠레 기업들의 대페루 투자는 약 136억여 달러이고, 페루의 대칠레 투자는 이보다는 적지 만 꾸준히 늘고 있다.[5] 그러나 경제적 협력이 뿌리 깊이 박힌 적대감의 해결책은 아닌 듯하다.

3 | 볼리비아, 자원을 둘러싼 경쟁

2006년 2월 아일랜드 록밴드 유투(U2)의 리드보컬 보노(Bono)가 칠레를 방문했을 당시 리카르도 라고스(Ricardo Lagos) 당시 칠레 대통령이 차랑고(Charango)를 선물했다는 보도가 나오자 볼리비아에서는 불만과 항의의 목소리가 터져 나왔다. 차랑고는 만돌린과 기타의 중간쯤 되는 현악기다. 식민지 시절 에스파냐인들이 유럽의 현악기를 남미로 들여오면서 여러 지역의 특색에 맞게 변형했는데, 안데스 지역에서는 주로 아이마라(Aymara) 인디오와 케추아 인디오들이 연주했다. 아이마라와 케추아 인디오는 남미 안데스산맥과 알티플라노(Altiplano)고원 지역에 거주했다. 중남미 나라들이 에스파냐로부터 독립할 무렵 볼리비아와 페루에 속하게 되었으나 칠레와 페루-볼리비아 연합 간의 태평양전쟁에서 칠레가 승리하면서 칠레 국민이 되었다. 칠레가 차랑고를

모랄레스 볼리비아 대통령(오른쪽)이 바첼레트 칠레 대통령(왼쪽)에게 차랑고를 선물하는 모습

자국의 전통 악기로 내세우는 데 볼리비아가 발끈한 이유다. 에보 모랄레스(Evo Morales) 당시 볼리비아 대통령은 같은 해 3월 미첼 바첼레트 칠레 대통령 취임식에 참석해 차랑고를 선물하며 나름의 복수를 했고, 바첼레트 대통령은 "기타 연주를 배워야겠네요"라며 유머로 받아쳤다.

칠레와 볼리비아는 19세기 초 독립 무렵부터 아타카마사막 국경 분쟁으로 줄곧 긴장 관계를 이어왔다. 분쟁은 식민 시기 아타카마사막을 칠레 통치령의 북쪽 국경으로 정한 데에서 비롯되었다. 볼리비아와 칠레 역사가들은 원래 페루 부왕령의 일부였다가 다시 라플라타 부왕령으로, 이후에는 볼리비아의 영토에 포함된 지역에 바다 접근권이 포함되었는지 등을 두고 의견 차이를 보였다. 식민 시기부터 한 번도 확실하게 국경이 확정된 적이 없었던 데다가, 태평양 연안의 남위 23도선과 남위 26도선 사이에 있는 이 아타카마사막에는 광물 자원이 풍부해서 두 나라 모두 한 치의 양보도 없이 날을 세울 수밖에 없었다. 1866년 두 나라는 남위 24도를 국경으로 정하고 남위 23~25도선 사이의 광물 자원에 대한 수출세를 공유하는 조약을 맺었다. 그러나 볼리비아는 칠레와 세금을 공유해야 한다는 사실에 불만을 품었고 이미 광산 산업을 통제하고 있던 칠레가 해안 지역을 점유하게 될까 두려워하게 되었다.

독립 이전부터 태평양 연안의 헤게모니를 놓고 칠레와 경쟁해야 했던 페루는 칠레와 볼리비아 간의 분쟁을 관심 있게 지켜보았고 1873년 볼리비아와 비밀리에 상호 연합을 맺었다. 칠레와 볼리비아는 1874년 협약을 통해 칠레가 볼리비아에서 선적된 광물에 대한 수출세를 포기하는 대신 볼리비아는 향후 25년 동안 볼리비아 영토 내 광산을 개발하는 칠레 기업에 대한 세금을 인상하지 않기로 했다. 그러나 1878년 볼리비아가 이 협약을 깨고 세금을 인상하는 것은 물론 회사 재산을 몰수하겠다고 위협하자 칠레 군대는 1879년 2월 안토파가스타를 점령했다. 볼리비아는 페루에 도움을 요청했고 칠레는 그해 4월 페루와 볼리비아에 전쟁을 선포했다. 페루와 볼리비아는 제대로 준비되지 않은 상태로 전쟁에 임했고, 칠레는 5월 21일 이키케, 10월 8일 앙가모스(Angamos)

태평양전쟁 전후 칠레, 페루, 볼리비아 영토의 변화

해전에서 승리하면서 전쟁의 주도권을 쥐게 되었다. 1880년 10월 미국의 중재 시도에도 불구하고 칠레 군대는 이듬해 1월 페루의 수도 리마를 점령했다.[1] 칠레는 태평양전쟁에서 자국의 승리를 굳힌 5월 21일을 '영광스런 해군의 날(Día de Glorias Navales)'로 지정하고 매년 군대 행렬을 비롯한 축제를 벌이지만, 페루와 볼리비아에 이날은 치욕스러운 날이다.

1884년 칠레와 볼리비아 간 휴전협정으로 두 나라는 칠레가 볼리비아 영토였던 안토파가스타 지역의 광물을 포함해 전체 해안을 통제한다는 내용에 합의했다. 1904년 조약을 통해 현재의 칠레, 페루, 볼리비아 국경이 확정되었고, 칠레는 볼리비아의 수도 라파스(La Paz)와 페루로부터 획득한 아리카항을 연결하는 철도를 건설하기로 합의하고 볼리비아가 무역을 위한 목적으로 칠레 항구를 자유롭게 통행할 수 있도록 했다. 1913년에는 볼리비아에서 안토파가스타로 이어지는 철도가 건설되어 칠레와 볼리비아 간 분위기가 호전되는 듯했다. 그러나 전쟁의 패배로 바다로 가는 길을 잃고 내륙국이 되어버린 볼리비아는 대서양으로 가는 길을 뚫기 위해 파라과이와 전쟁(1932~1935)을 벌이는 등 여러 시도를 했으나 실패했고 칠레에 대한 원망은 더욱 거세졌다. 볼리비아는 2014년 국제사법재판소에 칠레에 대한 국경 관련 소송을 제기했다. 그러나 2018년 10월 1일, 국제사법재판소는 1904년 조약을 근거로 칠레의 손을 들어줬다. 국제사법재판소는 볼리비아의 논지 중 어느 것도 칠레가 볼리비아의 태평양에 대한 주권적 접근을 협상할 의무를 설정하지 않았다고 결론지었다.[2]

볼리비아는 바다로 통하는 길이 막힘으로써 입은 막대한 경제적 피해를 주장했다. 오늘날 칠레 경제의 핵심인 세계 최대의 구리 매장지도 과거 볼리비아 영토였다.[3] 볼리비아는 칠레 항구에 대한 의존도를 줄이기 위해 페루와 대서양

수로를 이용할 계획을 세우고 있으나 이 계획만으로는 충분하지 않다. 볼리비아의 우유니(Uyuni)로 향하는 관광객들은 과거 볼리비아의 영토였던 칠레 아타카마사막을 통한다. 칠레, 볼리비아, 아르헨티나가 국경을 접하고 있는 '리튬 트라이앵글'은 전 세계의 관심을 받고 있지만 정작 볼리비아는 자원 개발과 수출에 제대로 활용하지도, 이득을 보지도 못했다. 볼리비아는 매장된 리튬을 개발하기 위해 러시아와 중국 기업의 투자에 눈을 돌렸고, 2023년 11월 러시아와 중국 기업들에게 총 28억 달러 규모의 투자를 약속받으며 리튬 개발 계약을 체결했다.[4]

그럼에도 불구하고 볼리비아에 대한 세계의 관심은 여전히 부족하고 볼리비아는 항구에 대한 목마름으로 괴로워한다. 수년 전부터 국경을 통해 칠레로 밀입국한 볼리비아 이민자들은 칠레의 골칫거리 취급을 당하고 있고, 코로나19의 전 세계적 유행 기간에는 칠레가 볼리비아를 비롯한 이웃 나라 국민의 밀입국을 막기 위해 국경을 폐쇄하는 지경에 이르렀다.[5] 두 나라는 2023년 9월 칠레 대통령궁에서 이민 협력 협정에 서명하고, 양국 국민의 임시 거주 신청 및 허가 절차를 간소화하고 비자 발급 비용을 면제해 합법적인 이주·이민을 증진하기로 합의했다.[6] 그러나 국제사법재판소의 판결도, 두 나라 간 이민 협정도 볼리비아 사람들의 가슴에 맺힌 앙금을 없애는 데는 충분하지 않을 것이다. 아마도 칠레 국경을 넘는 볼리비아 사람들의 속마음은 '여기는 우리 땅'일지도 모르겠다. 따뜻한 사람들이지만 휘청거리는 나라 볼리비아와 야무지게 실속을 챙기는 칠레, 두 나라의 진정한 협력 관계는 볼리비아 사람들이 바닷길을 열망하는 이루어질 수 없는 꿈만큼이나 멀기만 하다.

아타카마사막
DESIERTO DE ATACAMA

아타카마사막은 칠레 북부에 위치하며, 서쪽으로 태평양 연안, 동쪽으로 안데스산맥과 만난다. 동서 평균 폭이 100킬로미터이고 남북 길이가 1,600킬로미터에 이르는 이 사막은 사하라·고비 사막과 더불어 세계 3대 사막으로 꼽히며, 비가 거의 내리지 않아 지구상에서 가장 건조하고 뜨거운 사막으로 유명하다. 칠레, 아르헨티나, 볼리비아가 국경을 접하고 있는 칠레 북동쪽 국경을 따라 해발 4,000미터에 달하는 아타카마고원이 펼쳐지는데, 이 지역이 '리튬 트라이앵글'이라 불리는 곳이다. 이 지역의 대부분은 원래 볼리비아와 페루 영토였지만 남미 태평양전쟁에서 칠레가 승리함으로써 칠레 영토가 되었다.

건조한 기후와 독특한 풍경으로 많은 이의 여행 버킷리스트에 포함되는 곳이다. 광활한 아타카마사막 여행은 안토파가스타, 산페드로데아타카마(San Pedro de Atacama), 칼라마, 이키케 등의 도시를 거쳐 올라가며 여행할 수 있다. 안토파가스타에서는 세계에서 가장 큰 노천 구리 광산인 추키카마타(Chuquicamata) 광산을, 산페드로데아타카마에서는 엘타티오 간헐천(El Geyser de Tatio)과 아타카마 소금 평원을, 칼라마에서는 엘로아 공원(Parque El Loa)을, 이키케에서는 옛 질산염광산을 볼 수 있다. 살을 에는 듯한 영하의 새벽 추위와 한낮의 뜨거운 태양이 공존하지만, 머리 위로 쏟아지는 별들을 즐길 준비가 되어 있다면 아타카마사막으로 떠나보시길.

> **TIP!**
> 아타카마사막은 개별 여행도 가능하지만 일몰을 보거나 천체 관측을 하려면 가이드가 함께하는 투어를 추천한다. 안전이 무엇보다 제일! 일몰이 가장 멋진 지점은 한국인들에게도 유명한 달의 계곡이다. 지형이 달의 표면과 흡사하다 해서 붙여진 이름인데, 마치 우주에 있는 것처럼 환상적인 일몰을 감상할 수 있다.

4 | '괜찮은 이웃' 아르헨티나

산티아고에서 차를 타고 아르헨티나의 멘도사(Mendoza)로 향하는 길. 구불구불 29개의 커브를 지나 잠시 차에서 내려 출입국 심사를 받는다. 차로 왕복 네 시간이면 이웃 나라 아르헨티나에 다녀올 수 있다. 칠레 국민은 물론 영주권 소지자라면 여권 없이 주민등록증만 들고도 안데스산맥을 넘어 두 나라를 오갈 수 있다. 산티아고에서 안데스 산줄기를 따라 국경을 넘어 아르헨티나를 다녀오는 당일치기 트레킹도 가능하다. 파타고니아를 여행하고 싶다면 웅장한 안데스가 온몸을 감싸는 듯한 칠레 파타고니아에서 버스를 타고 안데스를 건너 넓은 평원이 펼쳐지는 아르헨티나로 건너가 보기를 권한다. 산맥을 사이에 두고 자연이 두 나라에 선물한 각기 다른 개성 있는 모습을 즐길 수 있다.

남미의 서쪽 가장자리를 따라 길게 뻗은, 세계에서 가장

안데스산맥의 칠레와 아르헨티나 국경으로 가는 길

긴 산맥 안데스. 북에서 남으로 베네수엘라, 콜롬비아, 에콰도르, 페루, 볼리비아, 칠레, 아르헨티나 등 남미 7개국을 거치며 웅장한 자태를 자랑한다. 그 길이만 해도 약 8,900킬로미터에 달하고, 너비는 200~700킬로미터, 평균 높이는 약 4,000미터다. 칠레와 아르헨티나는 안데스산맥의 5,000킬로미터 이상을 국경으로 맞대고 있다. 비행기로도 차로도 두세 시간이면 오갈 수 있는 이웃이지만 자연환경의 차이는 크다. 칠레가 길고 좁다면 아르헨티나는 길고 넓다. 칠레는 태평양을 아르헨티나는 대서양을 접하고 있고, 칠레의 여름은 건조하고 아르헨티나의 여름은 습하다. 웅장한 산을 끼고 장관이 펼쳐진 칠레 측 파타고니아에서 안데스를 넘어 아르헨티나 측 파타고니아로 가면 끝이 보이지 않는 평지가 펼쳐진다.

15~19세기 동안 두 나라 모두 에스파냐의 지배를 받았고, 페루 부왕령에 속해 있었으나 이후 아르헨티나는 리오델라플라타 부왕령으로 분리, 통치되었다. 칠레와 아르헨티나는 에스파냐로부터 독립하는 과정에서 긴밀한 동맹관계를 맺고 있었다. 아르헨티나 작가 호르헤 루이스 보르헤스(Jorge Luis Borges, 1899~1986)가 "남미의 독립은 상당 부분 아르헨티나의 사업이었다"라고 말할 정도로, 1816년 아르헨티나의 독립 선언 이후 아르헨티나 민족주의자들은 남미 독립에서 중요한 역할을 했다.[1] 중미의 독립을 시몬 볼리바르(Simón Bolívar, 1783~1830)가 주도했다면 남미의 독립은 아르헨티나의 호세 데 산마르틴이 이끌었다 해도 과언이 아니다. 1812년 칠레 민족주의자들이 독립을 선언하자 1814년 에스파냐 왕당파군이 산티아고를 탈환했고, 이때 베르나르도 오이긴스를 중심으로 한 칠레 민족주의자들은 아르헨티나의 멘도사로 피신해 산마르틴의 도움을 받았다. 산마르틴은 1817년 1월 군대를 이끌고 안데스산맥을 넘어 칠레로 건너와 1818년 칠레 독립을 이루고 기세를 몰아 1821년 페루까지 독립시킨다. 2017년 멘도사주에서는 산마르틴의 위대한 업적 200주년을 기리기 위해 '산마르틴 길(Ruta de San Martín)'이라는 관광상품을 개발했다. 이 상품은 산마르틴의 발자취를 따라가는 여정으로, 칠레와 페루의 독립을 위해 멘도사에서 안데스를 넘어간 길을 말을 타고 따라가는 투어도 포함된다. 그리고 그 길의 중간, 아르헨티나와 칠레 국경에

안데스산맥을 사이에 둔 칠레와 아르헨티나

는 산마르틴과 오이긴스의 흉상도 세워져 있다.[2]

 그러나 칠레 중고등학교 역사 교과서에 산마르틴의 이름은 거의 보이지 않는다. 칠레 사람들에게 칠레 독립의 영웅은 단연 베르나르도 오이긴스다. 에스파냐로부터 역공을 당하기 전 칠레의 독립을 선언한 것은 칠레 민족주의자들이었고, 멘도사로 피신해 산마르틴의 부대와 힘을 합쳐 다시 에스파냐로부터 칠레를 탈환하고 산티아고에 임시정부를 세운 것도 오이긴스와 그 휘하 부대였기 때문이다. 칠레 역사에서 산마르틴은 안데스 해방군을 이끌고 칠레에서 승리한

후 오이긴스와 함께 1820년 페루로 출항해 페루 독립을 이끈 인물로 기록되어 있다.[3]

　세계에서 가장 긴 국경을 접하고 있는 만큼 독립 이후 두 나라 사이에 국경 분쟁도 있었다. 정복 초기에는 칠레가 안데스산맥 너머까지 관할권을 가지고 있었다. 그러나 18세기에 리오델라플라타 부왕령이 세워지며 오늘날의 쿠요 지방은 아르헨티나로 편입되었고 남부 영토는 칠레 권한에 맡겨졌다. 아르헨티나와의 경계선 정립은 1847년 아르헨티나의 정치가 후안 마누엘 로사스(Juan Manuel Rosas, 1793~1877)가 칠레의 마젤란해협 점유에 항의하면서 복잡해지기 시작해 이후 30년 이상 두 나라의 기나긴 외교협상이 이어졌다. 칠레가 페루-볼리비아 연합과 태평양전쟁을 벌이는 동안 아르헨티나는 남쪽 영토 확장에 집중했고, 태평양전쟁이 한창이던 1881년 7월 28일 칠레는 아르헨티나와 협정을 맺고 국경조약을 체결했다. 이는 안데스산맥의 두 분지에서 동서로 물이 갈라지는 분수계를 기준으로 남위 52도까지 나눈다는 내용이었다. 더 남쪽으로는 마젤란해협에서 칠레의 주권을 보장했으나 대신 칠레는 동부 파타고니아 지역에 대한 권리를 포기해야 했다. 그러나 조약을 맺은 후 20세기까지도 두 나라는 국경의 지리적 해석을 놓고 갈등을 빚었다.[4] 1843년 칠레는 마젤란해협과 인접 영토를 사실상 점유했고, 1998년 마지막 협정을 맺을 때까지 두 나라는 마젤란해협을 중심으로 한 복잡한 해안선을 따라 지속적으로 미묘한 신경전을 벌었다.[5] 비글해협과 드레이크해협의 영유권에 대해서는 최근까지도 논란이 되고 있다. 2021년 칠레 정부가 자국의 해양 한계를 확장하기로 결정하면서 아르헨티나와 외교 갈등이 일어났다. 이외에도 남극 영토의 영유권 문제로 두 나라는 조용한 지도 전쟁 중이다.[6]

그럼에도 불구하고 칠레와 아르헨티나 국민들 사이에는 칠레와 페루, 칠레와 볼리비아와 같은 갈등이 보이지 않는다. 칠레에서는 '아르헨티나 사람'이라는 말이 주는 뉘앙스가 있다. 문화 자본이 풍부한 잘생긴 백인 남자라는 이미지다. 인디오 비율이 높은 페루, 볼리비아와 달리 아르헨티나는 백인 비율이 높아 칠레인들에게 거부감이 덜하다. 또 두 나라 모두 독립 이후 백인 국가를 지향했으나 칠레보다 백인 비율이 높은 아르헨티나에 대해 좋은 이미지를 가지는 것이다. 칠레에 거주하는 아르헨티나 사람들이 의사나 교수 등 전문직 종사자라는 점도 긍정적인 이미지 형성에 한몫한다.

아르헨티나에서 넘어오는 불법 이민자도 거의 없다. 오히려 아르헨티나에서보다 두 배 이상의 소득을 벌 수 있는 칠레로 전문직 종사자들의 발길이 이어지는 중이다. 언론에 따르면 최근 아르헨티나 의료 전문가들이 이른바 '제비 일자리(trabajo golondrina, 다른 지역의 단기 일자리로 보통은 농장이나 공장 등의 노동직을 가리키는 말)'를 찾아 칠레, 우루과이, 파라과이 3개국으로 이동하고 있고, 이로 인해 아르헨티나는 의료

공백으로 인한 우려가 커지고 있다고 한다. 아르헨티나의 주요 일간지《라 나시온(La Nación)》에 따르면 지방 도시는 물론 수도 부에노스아이레스(Buenos Aires)에서도 의료진들이 일을 덜 하면서도 아르헨티나에서는 상상도 할 수 없는 돈을 벌기 위해 국경을 넘는다.[7] 이는 중남미 국가 간에 전문직을 인정해 주는 제도 덕에 가능한 일이다.

칠레와 아르헨티나는 볼리비아와 함께 리튬 트라이앵글을 구성하고 있다. 중남미 다른 나라들이 그러하듯 칠레와 아르헨티나 모두 자원의 보고다. 칠레 상황이 예전 같지는 않지만, 2024년 1월 아르헨티나의 인플레이션이 254%를 넘는 심각한 위기 상황에서 아르헨티나 정계는 좌·우를 막론하고 칠레를 따라야 할 모범으로 꼽았다.[8]

2024년부터 칠레 축구대표팀을 이끌어갈 선장은 아르헨티나의 리카르도 가레카(Ricardo Gareca) 감독이다. 이전에도 여러 아르헨티나 감독이 칠레 축구팀 감독을 맡았다. 2024년 4월 부활절 연휴와 재향 군인의 날 연휴 동안 아르헨티나인 약 4만 명이 멘도사에서 칠레로 쇼핑 여행을 다녀갔다. 이는 최근 몇 달 동안 칠레인 약 2만 명이 아르헨티나로 쇼핑 여행을 갔던 것과는 정반대의 현상인데, 달러화의 변동 때문이라는 의견이 지배적이다.[9] 서로 자국의 파타고니아가 더 멋지다고 다툴지언정, 칠레 망하르(Manjar)가 더 맛있다, 아르헨티나 둘세 데 레체(Dulce de Leche)가 더 낫다 아웅다웅할지언정, 칠레의 인기 배우 벤하민 비쿠냐(Benjamín Vicuña)

가 아르헨티나의 탑 모델 팜피타(Pampita)와 결혼했을 때 수
많은 칠레 여성이 원망을 쏟아냈을지언정, 어쨌든 그들은 그
들 나름대로 제법 잘 지내는 이웃인 것 같다.

TIP!

토레스 델 파이네 국립공원의 트레킹 코스는 두 가지가 대표적이다. 하나는 3~4일 정도 걸리는 W코스로 세 봉우리를 돌아보는 코스다. 다른 하나는 국립공원을 일주하는 O코스로 6~7일 정도 걸린다. 물론 짧은 코스는 당일치기로도 다녀올 수 있다. 온라인으로 입장 시간, 입장료, 날씨 등의 정보를 확인할 수 있고, 국립공원 내 야영장 등 숙소 예약도 가능하다.

토레스 델 파이네 국립공원
PARQUE NACIONAL TORRES DEL PAINE

칠레 파타고니아 남부에 있는 국립공원으로 산, 호수, 강, 빙하지대를 아우른다. 2009년 《내셔널지오그래픽(National Geographic)》은 토레스 델 파이네 국립공원을 일생에 꼭 가봐야 할 50곳 중 한 곳으로 선정했다. '토레스 델 파이네'는 '파이네의 탑'이라는 뜻으로, 화강암 봉우리 세 개가 거대한 탑처럼 서 있다. 쾨펜의 기후분류(Köppen Climate Classification)에 따르면 이곳은 "건기 없이 찬비가 내리는 온난한 기후"에 속하지만, 국립공원 내 지형이 매우 다채롭고 그에 따른 기상이 변화무쌍해서 하루에 사계절을 다 경험할 수 있다. 또한 성인도 날아갈 듯한 바람으로 유명한데 특히 관광 성수기인 11월부터 1월에 강한 바람이 분다. 연중 가장 따뜻한 1월의 평균기온은 섭씨 16도 정도이고, 겨울에는 기온이 많이 떨어져 3월 중순부터 10월까지 공원 출입이 금지된다. 트레킹 코스를 누비다 보면 어마어마한 산봉우리와 볕이 비추는 시간에 따라 색이 달라지는 호수, 비죽비죽 솟아오른 돌산, 거대한 빙하, 그리고 야생의 다양한 동식물 등을 만나볼 수 있다. 물론 쉽지 않은 길이라 여행 가기 전 체력단련은 필수다. 이스라엘 젊은이들은 남녀 불문하고 군 제대 후 토레스 델 파이네 국립공원 트레킹이 필수라고 한다. 근육질의 이스라엘 젊은이들이 산더미 같은 배낭을 메고도 척척 산을 오르던 모습이 눈에 선하다.

5 | 칠레에 손 뻗는 마약 카르텔

2024년 4월 칠레 경찰은 칠레대학교 생화학 전공 박사과정 중인 30세 남성을 금지물질생산법 위반 혐의로 구속했다. 그는 자기 집 실험실에서 환각제(DMT)를 제조해 SNS를 통해 판매한 혐의를 받았다.[1]

칠레는 1983년에 제정된 '마약 및 향정신성 약물 규정'에 따라 대마초와 그 파생물의 수입, 수출, 운송, 추출, 생산, 판매, 소유 및 소지를 금지했다. 그러다가 2015년 7월 칠레 하원에서 대마초의 자가 재배와 약용 목적의 거래를 합법화하는 법안을 통과시켰다. 같은 해 12월 칠레 정부는 법안을 승인하여 약국 등에서 대마초와 그 파생물이 포함된 의약품의 판매를 승인하고, 의사 처방전을 받아 구매할 수 있도록 했다. 그로부터 한 달 후인 2016년 1월 15일, 마울레(Maule)주에 있는 키나마비다(Quinamávida)에서 중남미 최대 규모의

약용 대마초 재배가 공식적으로 시작되었다.[2]

사실 칠레에서 대마초 재배는 17세기부터 널리 퍼지기 시작해 칠레 중부 아콩카과 계곡 지대에서는 집 마당에서 대마를 재배하는 사람이 많았다. 그래서 자기 집 마당에 대마초가 자라고 있다는 사실조차 모르는 사람들도 많았다고 한다. 2010년도 무렵에도 경찰력이 미처 닿지 않는 빈민촌에서는 칠레산 칠롬비아나(Chilombiana)나 파라과이에서 들여온 질이 좋지 않은 대마초를 값싸게 파는 사람들이 제법 있었다고 한다. 의약용 이외에 파티에서도 대마초를 피우는 일이 보편화되다 보니 대마초의 자가 재배가 합법인 줄 아는 사람이 많지만 무허가 재배는 엄연히 불법이다. 한 예로, 2021년 자폐증을 앓고 있던 아들을 위해 아버지가 집에서 대마초를 키우다 적발돼 마약밀매혐의로 기소되어 10개월간 가택연금을 당하고 결국 무죄 판결을 받았으나 경찰의 폭력적 억지 수사를 주장하며 자살한 사건이 있었다.[3]

이전에는 단순히 집 마당에서 재배하던 수준이었으나 시간이 갈수록 그 규모가 커지고 있어 칠레가 더는 사용처에 그치지 않고 마약 생산지가 되었음을 우려하는 목소리가 높다. 칠레 중부 산악 지역에서는 다수의 마리화나 농장이 발견되어 사회적 이슈가 되기도 했다.[4] 2022년 3월 당국은 코킴보(Coquimbo)주에 있는 해안 도시 초아파(Choapa)에서 6,000만 달러 상당의 대마 나무 8,600그루가 압수되었고, 초아파 남쪽 카빌도(Cabildo)에서도 4,000그루가 발견됐다.[5]

칠레에서 대마 재배는 이전에도 꾸준히 증가하는 추세였다. 2021년 마약밀매감시국(Observatorio del Narcotráfico)에서 발행한 보고서에 따르면 2020년에 28만 5,000그루의 대마를 입수했는데, 선년노보나 약 5만 그루가 늘어난 수치였다.[6] 칠레의 한 언론 보도에 따르면, 대마 대부분은 대마초 재배에 이상적인 기후 조건을 갖춘 발파라이소(Valparaíso) 서북쪽 계곡과 언덕에서 발견되었고 당국은 대마를 모두 불태웠다. 또한, 그동안 파라과이와 볼리비아의 범죄조직이 칠레에 마리화나를 공급했는데, 코로나19 유행으로 국경이 폐쇄되면서 일부 범죄 조직은 해상 운송을 택하기도 했고, 이 틈을 뚫고 국내 생산이 증가한 것으로 분석했다.[7]

최근 들어 범죄율이 늘어나면서 페루, 볼리비아, 베네수엘라, 콜롬비아 등 주변 국가에서 온 합법·불법 이민자들이 마약 밀매와 관련되는 일도 있다. 2021년에는 베네수엘라 교도소에서 시작된 범죄 조직이 칠레에서 이민자 인신매매, 성적 착취, 살인, 고문, 마약 밀매 등을 벌인 혐의로 칠레 검찰에 의해 기소되었다.[8] 칠레 경찰은 2023년에 남미에서 악명 높은 범죄 조직 '아라구아 열차(El Tren de Aragua)'를 습격해 11명을 검거하기도 했다. 이들 중 8명은 베네수엘라, 2명은 도미니카공화국, 1명은 콜롬비아 출신이었는데, 이들은 칠레와 페루 국경을 통해 불법 이민자와 마약을 운반하기 위해 별도로 버스를 구입해 이동했던 것으로 밝혀졌다.[9]

대마 재배는 환경면에서도 문제가 되고 있다. 미국 어류

불법 삼림 벌채로 황폐해진 브라질 아마존 열대우림

및 야생동물국(Fish and Wildlife Service)은 대마 재배 지역은 상당량의 물을 소비한다는 연구 결과를 발표한 바 있다. 2015년 칠레에서 최초로 의약용 대마를 재배하기 시작한 라 플로리다(La Florida) 지역, 이후 자체적으로 재배를 시작한 푸에르토몬트(Puerto Montt)시와 푸에르토나탈레스(Puerto Natales)시는 수년간 계속된 가뭄으로 인한 피해에 더해 대마 재배로 인해 토양이 황폐해진 것으로 나타났다.[10]

마약으로 인한 환경오염과 사회적 문제는 단순히 칠레에만 한정되지 않는다. 마약 카르텔은 자신들의 이익을 위해 매수와 폭력 등 수단과 방법을 가리지 않고 콜롬비아, 브라질, 온두라스 등지에서 정치적으로 원주민 보호지를 사들여 마약을 재배한다. 중미 지역은 광범위한 보호 지역 네트워

크에도 불구하고 급속도로 삼림이 사라지고 있다. 표면적으로는 농업과 목축을 위한 벌채로 알려져 있으나 실상은 삼림 벌채와 마약 밀매 사이의 연관성이 커진 것으로 드러났다.[11] 2020년 콜롬비아 산림 1만 3,000헥타르가 코카 재배를 위해 벌채되었는데, 가축사육과 농지 확장을 포함한 총 산림 손실 중 7.54%에 해당한다. 또한, 1킬로그램의 코카인을 만들기 위해서는 284리터의 휘발유가 필요한데, 버려진 휘발유 1갤런(약 3.78리터)은 지하수 약 75만 갤런을 오염시킬 수 있다.[12]

중미의 이야기로만 알려진 마약 카르텔은 이제 칠레에서도 싹을 틔우고 있다. 칠레에서 생산된 마리화나가 이웃 아르헨티나로 수출되어 외교 문제로까지 번졌다. 아르헨티나의 하비에르 밀레이(Javier Milei) 대통령이 취임한 지 한 달여가 지난 2024년 1월, 아르헨티나 파트리시아 불리치(Patricia Bullrich) 보안 장관은 아르헨티나로 유입되는 약물 대부분이 칠레를 통해 들어오고 있다며 칠레의 보리치 정권을 비난했다.[13] 유엔은 4,200여 킬로미터에 달하는 해안선, 56개 항구, 7,800킬로미터에 달하는 육지 국경선을 가진 칠레가 마약 유통의 중심지가 되고 있다고 경고했다. 칠레 정부는 세관 통제, 검사 장비 구비, 검사 인력 증원 등 여러 과제를 안고 있다.

콜롬비아의 에스코바르(Escobar)와 로스 페페스(Los Pepes)가 세계 최대의 마약 제국을 건설하고 미국의 공공의 적이 된다는 내용의 드라마 〈나르코스〉와 2022년 전 세계적으로 뜨거운 반응을 불러일으킨 범죄 스릴러 드라마 〈수리남〉, 두 드라마는 상상 속 마약 카르텔과 중남미의 연결 고리를 더 확고히 했다. 칠레는 마약 카르텔이라는 말과 거리가 먼 곳이었으나 어느새 그 땅에 사는 사람들의 몸과 마음도 마약으로 황폐해지고 있다. 산티아고 거리를 거닐다 주택가 빨랫줄에 널린 하얀 손수건을 보면 조심하시라. 마리화나를 판다는 암호일지니.

2016년 콜롬비아의 메데인(Medellín)에서 열린 라틴아메리카 세계경제포럼에서 브라질의 싱크탱크 이가라페 연구소(Igarapé Institute)의 로나 자보지 카르발류(Lona Szabóde Carvalho)는 마약이 중남미의 민주주의를 위험에 빠트리고 기관을 부패시키며 폭력을 유발한다고 주장했다. 그리고 "마약을 결코 범죄 문제만으로 다루어서는 안 된다. 마약은 건강의 문제다. 만약 우리가 오래전에 이를 알았다면 오늘날과 같은 문제는 발생하지 않았을 것이다"라고 말했다.[14] 한편, 마약과의 전쟁을 선포한 미국과 유럽이 중미에서 재배되는 마약의 주요 소비처라는 사실이 웃플 뿐이다.[15]

4장 │ **칠레인의 일상 풍경**

사회 · 문화

1 | 칠레는 커피? 칠레는 와인!

칠레를 방문하신 한 한국 교수님과 마트에 갔더니 장바구니에 커피를 가득 담으셨다. "커피를 왜 이렇게 많이 사세요?" "남미에 오면 커피를 사야죠." "칠레에서 커피를요?!"

포도를 비롯한 각종 과일과 와인은 말할 것도 없고 심지어 독일식 맥주까지 유명하지만, 애석하게도 칠레는 자체적으로 커피를 재배하거나 생산하지 않는다. 세계에서 커피를 가장 많이 생산하는 중남미에서 커피가 나지 않는다니 이상하게 들릴 수 있다. 칠레의 토양은 커피 재배에 적합하지 않아서 식민 시기에도 커피를 재배하지 않았다. 그래서 칠레에서 소비되는 커피 원두는 모두 수입한 것이다. 스타벅스는 물론이고 후안 발데스 카페(Juan Valdés Café) 같은 콜롬비아 글로벌 프랜차이즈 카페 등 여러 커피 전문점이 있지만, 칠레산 커피는 없다.

그럼에도 불구하고 커피 강국 브라질과 콜롬비아에 이어 중남미에서 세 번째 소비량을 자랑할 정도로 커피는 칠레 사람들의 삶 속에 자리 잡았다.[1] 칠레 사람들의 커피 소비량은 하루에 0.4잔, 연간 1인낭 0.75킬로그램에 불과하지만, 2011년부터 2018년까지 커피 소비량이 175% 증가했고, 2024년 말까지 98% 이상 증가할 것으로 예측한다.[2] 칠레 사람들은 인스턴트커피, 그중에서도 쓴맛이 강한 네스카페(Nescafé)[3] 혹은 진한 에스프레소 커피를 마신다. 커피가 진해서인지 단맛을 좋아하는 탓인지 설탕을 많이 넣어 마신다. 다이어트에 신경 쓰는 사람들은 칼로리가 적은 감미료를 넣기도 한다. 나는 아침에 가끔 진한 커피에 꿀을 넣어 마시곤 했는데, 40년 넘게 칠레에 산 미국인 할머니가 칠레인 시어머니로부터 배웠다며 알려준 방법이었다.

설탕을 커피에만 넣겠는가. 매끼 식사 후 달착지근한 후식은 필수이고, 주전부리 또한 단 음식을 좋아한다. 칠레 사람들의 1인당 하루 평균 설탕 소비량은 141.2그램으로 세계보건기구(WHO) 권장량의 세 배에 달할 정도다.[4] 그렇지만 칠레는 사탕수수 역시 재배하지 않는다. 칠레는 2022년 2억 5,475만 달러어치의 사탕수수를 수입했는데, 2023년 1월 기준 주요 수입국은 과테말라(68.95%), 콜롬비아(32.45%)이고 아르헨티나와 엘살바도르가 그 뒤를 이었다.[5]

커피와 설탕이 수입에 의존한다면, 과일과 와인은 칠레의 대표 수출 품목이다. 2023년 1~10월까지 칠레는 약 294만

산티아고 재래시장의 과일 가게

4,000톤의 과일을 수출했다. 남반구에 위치해 계절이 반대이고 단맛도 풍부해서 칠레 과일은 북반구에서 인기가 높다. 칠레농업정책사무소(ODEPA, Oficina de Estudios y Políticas Agrarias)의 보고에 따르면 2023년 1~10월까지 수출한 과일의 약 70.7%는 신선 과일, 20.1%는 주스나 오일, 보존·냉동·건조 식품 등의 가공 과일, 9.1%는 호두, 아몬드, 헤이즐넛 등의 건과일이다. 신선 과일 수출액 중 체리가 37.6%로 가장 높았고, 포도(18.4%), 사과(10%), 블루베리(6.7%) 순이었다. 특히 체리는 총수출량의 90% 이상이 중국으로 보내진다고 한다.[6]

　품질 좋은 과일은 대부분 수출하는 탓에 한국에서 볼 수 있는 포도나 체리, 미국 마트에 널린 다양한 종류의 싱싱한 복숭아는 정작 칠레에서는 쉽게 찾아볼 수 없을 뿐 아니라 국내에서 파는 과일은 흠집 있는 게 많다. 그래서 시장이나 시내 키오스크에서는 '수출용 과일'임을 강조해 조금 더 비싼 가격에 팔기도 한다. 하지만 못생기고 흠집 난 과일이라도 당도가 워낙 높아서 맛은 최고다. 아직도 나는 한국 과일 맛이 밍밍하게 느껴질 때가 많다. 12~2월까지 남반구의 여름에 먹는 체리 맛은 최고다. 칠레 생활 초기에 1킬로그램에 1,000페소(한화 약 1,500원) 정도 하는 체리를 거의 매일 사 먹었다.

이뿐일까. 한국에 많이 알려진 콘차이토로(Concha y Toro) 외에도 칠레에는 포도 왕국답게 수많은 크고 작은 와이너리가 있다. 대형마트는 물론 키오스크에도 와인 진열대가 있고, 하루에도 수천 종류의 새로운 와인이 나온다는 말이 있을 정도로 칠레는 와인 천국이다. 한 동료 교수는 농학을 전공한 부인이 시골에서 직접 포도를 재배해 만든 와인을 동료들에게 할인가로 팔기도 하고, 대기업부터 소규모 와이너리까지 섭렵하고 구석구석 숨은 부티크 와이너리를 찾아다니는 친구도 있다. 나도 종종 친구들을 집에 초대해서 한국 음식과 어울리는 와인을 즐기는 시간을 가지곤 했다.

와이너리는 산티아고를 중심으로 칠레 중부에 몰려 있다. 8,800헥타르 이상의 칠레 중부 계곡 지대에서 여러 품종의 포도가 재배된다. 그중 칠레의 최대 재배 품종이자 가장 큰 자랑거리는 카르메네르(Carménère)다. 이 품종은 프랑스 보르도 지방이 원산지이지만, 19세기 필록세라 전염병으로 정

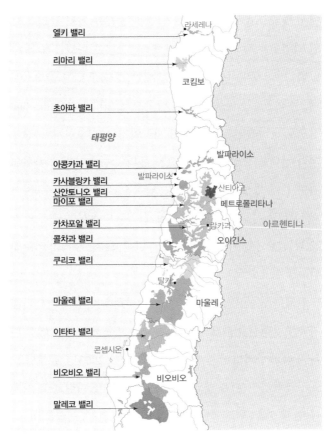

엘키 밸리

리마리 밸리

라세레나

코킴보

초아파 밸리

태평양

아콩카과 밸리

발파라이소

카사블랑카 밸리
산안토니오 밸리
마이포 밸리

발파라이소

산티아고

메트로폴리타나

카차포알 밸리

콜차과 밸리

아르헨티나

랑카과

오이긴스

쿠리코 밸리

탈카

마울레 밸리

마울레

이타타 밸리

콘셉시온

비오비오 밸리

비오비오

말레코 밸리

주요 와인 생산지

작 프랑스에서는 사라졌다. 칠레는 포도를 재배하는 데 천혜의 자연환경을 가지고 있다. 카르메네르가 칠레에서 살아남은 이유도 안데스산맥과 태평양으로 둘러싸인 칠레의 지형과 건조하고 뜨거운 기후 덕이다.

포도 이외에도 지리, 기후, 지질 및 인적 요인 덕에 칠레 농업은 다양성을 자랑한다. 동쪽으로 보이는 안데스를 끼고 북에서 남으로 4,000킬로미터가 넘는 칠레를 차로 달리다 보면 지역별로 달라지는 기후와 풍경, 그리고 농작물을 볼 수 있다. 칠레 중부는 서쪽으로는 해안, 동쪽으로는 안데스산맥, 북쪽으로는 이콩가과강, 남쪽으로는 비오비오(Bío-Bío)강으로 둘러싸인 칠레의 중심 계곡이자 농업 중심지다. 중부 계곡 지대를 중심으로 북쪽으로 올라갈수록 사막에 가까워지고 관개 재배가 주를 이룬다. 남쪽으로 내려가면 수산, 조림 및 목축 사업이 펼쳐진다. 칠레의 주요 농산 수출품은 각종 과일과 와인 이외에도 유제품, 연어, 돼지고기, 가금류 및 임산물 등으로 폭넓다.

칠레는 농산물 및 식품 시장을 개방하고 다양화하기 위해 자유무역정책을 채택해 65개 시장을 포괄하는 33개 이상 나라와 국제무역협정을 맺고 있다. 한국도 2003년 칠레와 자유무역협정(FTA)을 맺었다. 2022년 농업 및 관련 품목은 칠레 전체 수출(약 2,690만 달러)의 26.9%, 국내총생산(GDP, 약 275억 달러)의 8.5%를 차지했으며 칠레 노동력의 약 10%를 고용했다.[7]

칠레의 농업은 다른 중남미 국가와 마찬가지로 에스파냐의 식민 지배를 받던 시기부터 엥코미엔다 체제하의 아시엔다라는 대규모 농장을 중심으로 발전했다. 인디오들의 예속을 기반으로 엥코미엔다는 농업의 확대와 발달로 이어졌고 이는 지방 공간 형성에 결정적인 역할을 했다.[8] 이후 엥코미엔다는 통치자들의 인디오 노동력 착취와 노예화, 인디오 전통 사회의 해체와 인구 감소, 혼혈의 증가 등 여러 요인으로 인해 쇠퇴의 길을 걷다가 1789년 당시 칠레 통치자였던 암브로시오 오이긴스(Ambrosio O'Higgins, 1720~1801)가 칙령을 내리고 1791년 에스파냐 왕실의 비준을 받아 최종적으로 폐지되었다.

건조 지대와 반건조 지대, 저지대 해안 지역과 높은 고도의 산맥이 어우러진 칠레의 다양한 지형 덕에 지구 반대편 한국에서까지 칠레 과일을 즐길 수 있지만, 이러한 지형으로 인해 칠레는 기후변화에 취약한 나라 중 하나로 꼽힌다.[9] 더욱이 산불이 증가하고 강우량은 감소해서 극한의 기온과 가뭄이 길어질 것으로 예상되고 있다. 칠레 농무부에서는 기후변화에 대비해 각종 대책을 마련하고 있으나[10] 대자연의 흐름은 그리 호락호락하지 않다.

10월부터 2월, 남반구의 여름에 칠레를 방문한다면 전통 시장에 들러보기를 권한다. 주중 곳곳에 서는 장도 눈요깃거리다. 색색의 과일과 여러 종류의 덩치 큰 야채, 자연이 주는 선물 덕에 눈과 입이 즐거울 터다. 그리고 또 하나, 커피 말고 와인이나 재래시장에서 파는 노란색, 초록색, 자줏빛, 보랏빛 알록달록한 건포도를 살 것을 적극 추천한다.

벤디미아 축제
FIESTA DE LA VENDIMIA

매년 1월 말이면 칠레관광청 홈페이지에 3, 4월에 열리는 벤디미아 축제 안내가 뜬다. '벤디미아'는 '포도 수확'이란 뜻으로, 말 그대로 포도 수확 축제다. 남반구의 3, 4월은 여름의 끝 무렵부터 한창 가을이 무르익은 수확의 계절이다. 포도를 재배하는 칠레 전 지역마다 이 시기에 축제를 열지만 역시 포도 재배가 가장 활발하고 가장 많은 인구가 모여 사는 중부 지방이 벤디미아 축제를 즐기기에 적격이다. 와인 천국 칠레에서 벤디미아 축제는 비옥한 토양과 현대화, 산업화를 상징한다. 짧은 시간에 많은 노동력이 필요하지만 상대적으로 노동력이 부족하기 때문에 생산자들은 축제로 노동자들에게 보상을 하는 셈이다. 벤디미아의 시작은 또한 새로운 빈티지의 탄생을 알리는 신호탄이기도 하다. 와이너리 대부분이 칠레는 물론 해외에서 온 관광객들로 북적이는 이 축제에서 새로운 와인의 시음 행사를 연다. 지역에 따라 맨발로 포도를 밟아 껍질을 벗기는 경기가 열리기도 한다. 칠레 음식도 맛보고 공예품 구경도 하고 칠레 전통 음악이나 춤 공연도 볼 수 있다. 3, 4월에 칠레에 간다면 절대 놓치지 말아야 할 축제로, 칠레의 다양한 전통을 발견할 수 있는 독특한 경험이 될 것이다.

> **TIP!**
> 칠레관광청 홈페이지에서는 축제가 열리는 계곡 이름과 장소, 일자, 이벤트 등 구체적인 내용을 확인할 수 있다. 각 지역 축제를 주최하는 와이너리의 홈페이지에서 미리 입장권도 구매할 수 있다. 의외로 예약이 일찍 마감되니 서두르는 게 좋다. 또한, 지역에 따라 3, 4월 중 방문 시기를 잘 맞춰야 한다. 칠레는 4,300킬로미터가 넘는 긴 나라라는 점을 잊지 말 것!

2 │ 타코 없는 남미 나라

칠레에 살면서 큰 고민 중 하나는 '오늘은 뭘 먹지?'였다. 싱싱하고 질 좋은 재료는 쉽게 구할 수 있지만, 파는 음식은 대부분 기름지고 짜고 달기 때문이었다. 칠레 음식은 자극적이지만 마늘과 같은 향이 강한 재료를 거의 사용하지 않고, 마늘을 넣어도 한국처럼 다진 마늘을 쓰지 않는다. 발효식품도 거의 없어 냄새 걱정에 김치를 대신할 먹을거리를 늘 궁리해야 했다. 하지만 칠레 생활 초기 하숙집 주인아주머니가 만들어 준 음식을 비롯해 이후 친구와 동료 들의 집에서 먹어본 칠레 사람들의 집밥은 걱정과 고민보다 칠레 음식에 대한 즐거움을 느끼기에 충분했다.

칠레인들의 주식은 빵이다. 그런 만큼 어떤 빵을 먹고, 무엇을 바르고, 넣고, 곁들이는지는 개인과 가정의 취향은 물론 소득 수준에 따라 다르다. 가장 흔한 빵은 마라케타

(Marraqueta)라는 칠레식 바게트다. '프랑스 빵'이라고도 부르는데, 밀가루에 물, 이스트, 소금을 넣고 만들며 페루와 볼리비아에서도 많이 먹는다. 비교적 지방이 적고 바게트와 달리 네 조각으로 쉽게 나눌 수 있는 '겉바속촉' 빵이다. 마라케타에 으깬 아보카도, 버터나 마가린, 치즈, 햄 등을 넣어 먹는다. 중남미식 바비큐인 아사도(Asado)도 속을 파낸 마라케타에 구운 초리소(Chorizo)를 넣어 먹으며 시작된다. 출근길 지하철역 근처에서 마라케타에 치즈 한쪽을 넣어 파는 노점을 흔히 볼 수 있다.

그다음으로 많이 먹는 빵은 아유야(Hallulla)다. 밀가루, 효모, 설탕, 소금, 쇼트닝, 우유, 물을 넣어 만든 납작한 롤빵인데 샌드위치를 만들어 먹거나 페브레(Pebre)를 얹어 먹기도 한다. 페브레는 토마토, 고추, 양파, 고수, 마늘, 오일을 넣어 만든 남미판 살사. 맛이 개운해서 나는 가끔 밥에 페브레를 곁들여 먹기도 했다. 마라케타가 프랑스의 영향을 받은 빵이라면 아유야는 아랍이 원산지다. 1700년 가까이 아랍의 지배를 받은 에스파냐의 전통이 아메리카대륙으로 건너온 셈이다. 식당에서 음식을 주문하면 빵은 기본이다. 샐러드를 먹을 때도 당연히 빵과 함께다. 그런데 요즘 식당에서는 '모닝빵' 비슷한 빵을 내줄 때가 있어 아쉽다.

직장인들이 즐겨 먹는 패스트푸드는 역시 샌드위치나 햄버거다. 기본 재료로는 아보카도와 토마토, 그리고 얇게 저며 양념한 고기, 햄 등을 넣고 마요네즈와 각자 취향에 맞

칠레인들이 많이 먹는 마라케타와 아유야

는 소스를 듬뿍 얹어 먹는다. 칠레판 핫도그라 할 콤플레토 (Completo)도 빼놓을 수 없다. 핫도그 빵에 비엔나소시지를 넣고 으깬 아보카도와 독일의 사워크라우트 같은 양파절임, 페레힐(Perejil)이라는 미나리과 식물과 마요네즈는 기본, 머스터드나 케첩도 듬뿍듬뿍 얹어 먹는 이 음식은 가히 칠레 국민 음식이라고 할 수 있다. 미국식 핫도그처럼 비엔나소시지에 케첩과 마요네즈만 뿌린 핫도그도 있지만, 콤플레토는 미국식 핫도그의 두 배 이상은 될 정도로 재료가 풍부하게 들어간다. '이탈리아노(Italiano)'라고도 불리는데, 1920년대 에두아르도 바하몬데스(Eduardo Bahamondes)라는 사업가가 미국에서 핫도그를 맛보고 칠레에 들여와 칠레식 핫도그를 개발해 판매했고, 그의 사업장을 이탈리아 가문 출신 사업가가 인수하면서 아보카도, 마요네즈, 토마토 등의 재료를 첨

양파절임과 아보카도가 들어간 콤플레토 이탈리아노

가해 이탈리아 국기와 비슷한 모습으로 만들었다고 해서 붙여진 이름이다.[1]

핫도그에도 아보카도를 넣는 게 당연한 칠레 사람들의 하루는 아보카도에서 시작해 아보카도로 끝난다고 해도 과언이 아닐 만큼 매 끼니에 아보카도를 먹는다. 맥도날드 햄버거에도 으깬 아보카도가 들어갈 정도로 아보카도는 칠레 사람들의 삶의 일부다. 아보카도를 싫어하는 사람은 칠레 사람이 아니라는 장난 섞인 놀림을 받기도 한다. 패스트푸드에 중남미판 대형 만두라 할 엠파나다(empanada)도 빼놓을 수 없다. 일요일 점심으로 엠파나다를 먹는 풍습이 있는데, 슈퍼마켓에서 엠파나다를 사 오는 일은 보통 집안 남자들의 몫이다.

칠레 사람들은 오후 5~8시, 늦으면 밤 10시 사이에 '온세(Once)'라고 하는 티타임을 갖는다. 에스파냐어권 나라들은 보통 저녁 식사를 8시 이후에 하는데, 심지어 아르헨티나는 밤 10시가 다 되어 먹는다. 칠레는 8시 무렵에 저녁 식사를 하는데, 가정에서는 온세로 마감하거나 '온세 세나(Once cena)'라고 해서 조금 더 풍성한 티타임으로 저녁을 대신하기도 한다. 주중에는 빵과 스프레드(빵 등에 발라 먹는 식품), 점심이나 주말에 남은 음식에 커피와 차를 곁들인다. 테이블에는 빵과 치즈, 슬라이스 햄, 잼, 버터, 으깬 아보카도 등이 차려지고, 가끔 파운드 케이크나 독일식 쿠헨 등 달착지근한 디저트도 올린다. 주말 온세는 케이크, 쿠헨, 파이, 다양한 종류의 빵과 치즈, 햄에 스크램블드에그 등 상차림이 좀 더 풍성하다. 요즘 건강을 생각하는 사람들은 온세에 샐러드를 곁들여 먹기도 한다. 칠레에서 온세는 단순히 먹는 일 이상의 의미를 지닌다. 가족과 친구들이 모여 피곤한 하루의 피로를 풀며 함께 즐기는 휴식과 대화의 시간이다. 나도 한국음식을 맛보고 싶어 하는 칠레 친구들과 종종 퓨전 온세를 가지곤 했다. 칠레 빵에 한국에서 가져간 한과, 계란말이, 주먹밥, 부침개, 직접 콩을 갈아 만든 비지전, 좀 솜씨를 부려보고 싶은 날에는 잡채와 궁중떡볶이까지, 나의 퓨전 온세는 칠레 친구, 지인 들과 가까워지는 소중한 시간이었다. 칠레에서 집으로 초대하는 일은 보편적인 일인 동시에 고급 레스토랑으로 초대하는 것보다 귀한 일이다. 혹 칠레 사람의 집으로 초대를 받는다면 선물을 준비하자. 꽃, 초콜릿, 잼, 와인 등, 꼭 비싼 것이 아니라도 괜찮다. 함께하는 시간과 대화

칠레식 티타임 온세의 상차림

의 소중함을 느낄 수 있다면 그것으로 충분하다.

칠레에서는 아끼는 사람들과 시간을 함께 나누는 일이 정말 중요하다. 일요일이면 가족들이 모여 점심 식사나 온세를 함께 즐긴다. 가장 큰 명절인 9월 18일 독립기념일과 크리스마스 전야와 새해 전야는 가족들과 보내는 날이다. 크리스마스와 새해에는 12월 24일에서 25일로 넘어가는 자정, 12월 31일에서 1월 1일로 넘어가는 자정에 저녁 식사를 한다. 칠레에서는 주로 모계 가족들과 모이기 때문에 결혼한 여성들의 명절 증후군은 없지만, 크리스마스를 친정에서 보냈다면 새해는 시댁에서 보내는 식으로 한다. 독립기념일 연휴 기간에는 폰다(Fondas)라는 간이 행사장이 시내 여러 공원에 마련되고 각종 양념 고기와 채소를 꼬치에 끼워 구운 안티쿠초(Anticucho)와 엠파나다 등 음식도 팔고 칠레 전통춤 쿠에카

디저트 소파이피야스 파사다스와 망하르를 바른 비스킷

(Cueca) 공연 등 각종 공연이 열린다. 사람들은 즐겁게 먹고 마시고 노래하고 춤추며 독립기념일을 보낸다. 크리스마스에는 가족들이 모여 선물을 교환하고 늦은 저녁을 먹는다.

식사 후 달콤한 후식은 필수다. 으깬 호박에 밀가루와 베이킹파우더, 소금을 넣고 반죽해서 튀긴 소파이피야(Sopaipilla)는 흔한 길거리 음식이자 어디에서도 자주 먹는 스낵이다. 페브레나 햄, 치즈를 얹어 먹으면 간단한 식사로, 슈가파우더를 뿌리거나 정제되지 않은 설탕으로 만든 찬카카(Chancaca)에 오렌지 껍질로 향을 더한 소스에 담가 졸이면 소파이피야스 파사다스(Sopaipillas pasadas)라는 훌륭한 후식이 된다. 독일식 쿠헨 등 각종 케이크, 초콜릿 등 후식의 종류는 많고 많지만 칠레 후식의 주인공은 뭐니 뭐니 해도 망하르(Manjar)다. 한 친구가 칠레 케이크는 모양만 다르고 맛은 다 똑같다고 말한 적이 있는데, 칠레의 거의 모든 케이크에 망하르가 빠지지 않기 때문이다. 망하르는 우유에 흰설탕, 바닐라 추출물(extract), 베이킹소다를 넣고 끓여 만든 일종의 캐러멜인데, 아르헨티나와 우루과이에서는 둘세 데 레체(Dulce de leche)라고 한다. 비슷하지만 망하르가 좀 더 되고 달다. 빵이나 과자에 발라 먹는 건 당연하고, 생크림이 들어간 케이크도 보기 어렵지만 망하르가 안 들어간 케이크는 더 보기 힘들 정도다. 한국에 와 있는 칠레 학생들도 방학에 집에 다녀올 때면 빼놓지 않고 사 온다고 한다. 한때 한국에서 탕후루가 유행했는데 칠레에서는 설탕물을 입힌 과일은 흔한 길거리 간식이다. 진한 초콜릿을 입힌 과일도 자주 볼 수 있다.

잉카 인디오 음식에서 유래한 스튜와 비슷한 차르키칸(Charquicán), 프랑스 요리 키슈(Quiche), 독일식 돼지고기 요리, 에스파냐식 오믈렛 토르티야(Tortillas), 바스크식 타파스(Tapas), 이민자의 나라 칠레 식탁은 싱싱한 재료와 다양한 요리법으로 가득하다. 최근에는 이웃 나라 베네수엘라와 페루에서 온 이민자들이 늘어나면서 베네수엘라와 페루 음식을 전문으로 하는 식당이 생기고 있고, 일식 초밥의 유행에 이어 한국 음식도 인기를 끌고 있다.

칠레에서 음식을 주문할 땐 "소금은 아주 조금만 넣어주세요(Muy poca sal, por favor)"라는 말을 잊지 마시길. 안 그랬다간 괴로울 정도로 짠맛에 혀가 얼얼해질 테니.

3 | 홀로서야만 하는 어머니

칠레 최초 여성 대통령이었던 미첼 바첼레트의 본명은 베로니카 미첼 바첼레트 헤리아(Verónica Michelle Bachelet Jeria)다. '바첼레트'는 아버지 성이고, '헤리아'는 어머니 성이다. 칠레를 비롯한 에스파냐어 문화권에서는 아버지와 어머니 성을 모두 사용한다. 이 두 개의 성 때문에 나는 칠레에서 꽤 애를 먹었다.

한번은 칠레 여행사 웹사이트에서 밴쿠버행 항공권을 구매했다. 어머니의 성을 기입하지 않으면 다음 예약 단계로 넘어가질 않고, 어머니의 성을 쓰면 나중에 여권과 이름이 다르다고 공항에서 일이 복잡해진 적이 있어 그냥 'X'를 적었다. 문제는 캐나다에서 칠레로 돌아갈 때였다. 캐나다 이민국에서 항공권에 적힌 내 성이 MIN이 아닌 MINX라며 여권과 달라 출국할 수 없다고 했다. 여차저차 칠레와 한국의 문화 차이를 설명하고 나서야 무사히 칠레로 돌아갈 수 있었다. 또 한번은 학교 이메일 계정을 등록하면서 어머니 성을 쓰는 칸을 비워두었는데, 이메일 서명에 자동으로 'Wonjung Min Null'이라고 떴다. 'null'은 영어로 '0' 또는 '아무 가치 없는'이라는 뜻이다. 서명을 본 미국에 사는 친구가 "도대체 언제 Mr. Null과 결혼한 거야?"라며 나를 놀렸다. 독일인 동료 교수도 나처럼 어머니 성을 적는 칸을 비워둬서 어머니 성이 'Null'이라고 떴는데, 한 칠레 학생이 진지한 얼굴로 두 분이 설마 외가 쪽 친척이냐고 물어왔다.

에스파냐어 문화권에서는 여성이 결혼 후에도 남편 성을 따르지 않는다. 칠레 남성과 결혼한 미국인 친구 레티시아 스미스(Leticia Smith, 가명)는 미국식으로 남편의 성을 따르는 게 사랑의 표현이라고 믿었단다. 그래서 혼인신고를 할 때 자기 이름에 남편의 성을 붙여서 레티시아 스미스 로하스(Leticia Smith Rojas)라고 등록했다. 그녀는 미국 여권을 갱신할 때마다 성이 달라서 '미국에서 출생했다는 증명을 하기 어렵다'라며 난색을 하는 미국 대사관 때문에 골치가 아프다. 결혼 후 여성이 남편 성을 따르지 않는 것은 한국도 마찬가지지만, 칠레에서는 자녀가 어머니 성을 반드시 함께 쓴다는 점이 다르다. 아버지 성만 따르는 한국인의 이름에 대해 칠레 학생들은 왜 어머니의 성을 무시하는지 모르겠다는 반응을 보였다. 아버지를 모르거나 아버지가 아이를 인정하지 않으면 어떻게 할까? 그럴 때는 어머니 이름을 두 번 쓰

2013년 유엔에서 열린 세계여성의날 기념식에 참석한 바첼레트 전 칠레 대통령

기도 한다. 바첼레트 전 대통령은 세 자녀를 두었는데, 전남편과의 사이에서 낳은 자녀 둘은 다빌로스 바첼레트(Dáalos Bachelet)라는 성을 쓰고, 이혼 후 만난 전 연인과의 사이에서 낳은 딸은 엔리케스 바첼레트(Henríuez Bachelet)란 성을 쓴다. 바첼레트 전 대통령이 이혼녀, 미혼모라는 사실은 선거에서 전혀 이슈가 되지 않았고, 오히려 국민들에게 그녀가 강인하고 독립적이며 훌륭한 어머니라는 인상을 주었다.

그렇다면 칠레인들에게 '어머니'란 어떤 의미일까? '홀로 서야만 하는 어머니'라는 이미지는 중남미에서 특히 중요한 상징이다. 애초에 칠레를 비롯한 중남미 여성들은 강할 수밖에 없었고, 강해져야만 했다. 멕시코의 철학자이자 작가인 옥타비오 파스(Octavio Paz)는 에스파냐와 중남미 혼혈의 역사를 '강간(Chingada)의 역사'로 비유했다. 정복 초기 에스

파냐 정복자들 대부분은 가족을 고향에 두고 온 남성들이었
다. 정복자들은 원주민 여성들을 유린했고, 아이(들)와 함께
남겨진 여성들은 아버지의 부재를 운명인 듯 견디며 살아야
했다. 강간당한 여인은 고통받은 모성애를 대변하는 요소 중
하나를 의미하기도 한다. 파스는 무방비 상태의 원주민 여성
에 대한 정복자들의 공격이 아이러니하게도 '두 문화의 만
남'으로 불리는, 오늘날 멕시코의 상황을 대변하는 적절한
이미지 중 하나라고 말한 바 있다.[1] 칠레 엘리트층에 속하는
한 동료 교수가 칠레 남쪽 어느 농장에 가면 자기와 같은 성
씨를 가진 일꾼들이 집성촌을 이루어 산다고 이야기한 적이
있다. 유럽에서 건너온 자기 조상이 지나치게 생산력을 발휘
했다는 그의 농담에 난감했던 기억이 난다. 칠레의 대표적
인 여성 인류학자 소니아 몬테시노(Sonia Cristina Montecino
Aguirre)는 중남미의 사회적 혼종과 종교적 융합 과정이 어
머니를 중심으로 한 상징주의의 출현으로 이어졌다고 평한
바 있다.[2] 이런 역사적 경험과 기억으로 형성된 모계 중심 사
회의 양상은 어머니 성을 함께 쓰는 것을 포함해 오늘날까지
일상 곳곳에서 드러난다.

중남미에는 '마리아니스모(Marianismo, 마리아주의)'라는
말이 있다. 중남미 각 나라에는 고유의 성모 마리아가 있는
데 마리아니스모는 멕시코의 마리아 과달루페를 숭배하고
진정한 이상적 여성성을 묘사하는 용어에서 비롯되었다. 마
리아니스모는 흡사 우리의 옛 현모양처 상과 유사한, 남성중

심주의 사회에서 여성의 성 역할을 규정하는 말이기도 하다. 그러나 여성의 복종과 역할에 대한 강요는 당연시해도 무책임한 남성에 대한 처벌은 없다. 오늘날에도 칠레를 비롯한 중남미 남성들은 마음에 드는 여성을 소느실 때 '정복하고' 싶다고 말한다. 미흡한 성교육은 차치하고 경제적인 이유로, 혹은 즐거움이 덜하다는 이유로 피임을 기피하는 남성들, 종교적인 이유나 법적 제한으로 임신 중지를 선택할 수 없는 여성들, 정복당한 여성들은 온전히 삶의 무게를 짊어지고 살아야 한다.

그런데 최근에는 달라진 결혼관으로 결혼하지 않고 아이를 키우는 여성이 늘고 있다. 철없던 시절 연인과의 사이에서 낳은 아이를 키우는 40대 칠레 친구는 무책임한 남자 탓도 있지만, 그 남자가 결혼할 정도로 좋지는 않았다고 한다. 50대인 친구는 칠레의 50대 이상은 아이가 생기면 남자가 도망가지 않는 한 당연히 결혼해야 하는 줄 아는데, 자기는 요즘 스무 살 미혼모는 별로 이상해 보이지 않아도 스무 살 기혼자는 이상해 보인다고 한다. 성실하던 한 여학생이 연일 수업에 빠져 걱정했는데 "아기가 아파서 병원에 다니느라 학교에 못 왔어요"라며 결석 증명서를 내밀었다. 처음에는 놀랐지만 아이를 키우는 학생들을 여럿 보고 나니 나중에는 익숙해졌다. 가끔 아이를 데리고 학교에 오는 학생들도 있었다. 물론 그들 대부분 결혼하지 않은 여성들이었다.

미혼모의 비율이 높은 칠레에서는 저소득층일수록 미혼

출산한 여성들의 결혼 여부[3]

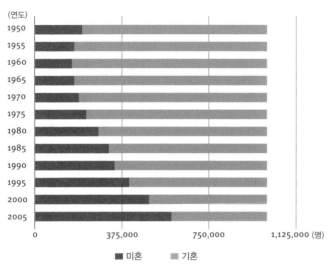

(연도)

| 1950 |
| 1955 |
| 1960 |
| 1965 |
| 1970 |
| 1975 |
| 1980 |
| 1985 |
| 1990 |
| 1995 |
| 2000 |
| 2005 |

0　　　　375,000　　　　750,000　　　　1,125,000 (명)

■ 미혼　　■ 기혼

모 가정이 많아 가난이 대물림되는 것도 문제다. 2017년 칠레 인구조사에 따르면 약 73%의 칠레 여성들이 가계를 책임지는 가장이라고 한다. 그리고 응답자의 약 47%는 최저임금으로 살아간다고 한다.[4] 그리고 무직, 비정규직 여성의 수는 계속 증가하고 있다. 응답자의 약 89%가 자녀를 두었는데, 그중 34%는 혼인 상태, 21%는 독신, 20%는 이혼이나 별거 상태였다. 또 월 소득 35만 4,000페소 이하 가정 중 약 35%가 아이의 아버지로부터 양육비를 받지 못하고 있는 것으로 나타났다. 2019년 칠레 여성의 가장 큰 사망 원인 중 하나가 심근경색이라는 조사 결과가 나온 적이 있다.[5] 다 이유가 있어서라는 헛생각을 해본다.

TIP!
엘키 계곡은 별이 쏟아지는 아름다운 장소로 유명하다. 그냥 두 눈으로만 봐도 매우 아름답지만, 라세레나의 지역 여행사에서 천문대 방문과 천체 관측이 가능한 투어를 운영하기도 한다. 특별한 경험을 원하는 여행자에게 추천!

라세레나
LA SERENA

수도 산티아고에서 북쪽으로 차로 약 5시간, 버스로 약 6시간, 비행기로 2시간 반 정도를 가면 코킴보(Coquimbo)주에 있는 라세레나(La Serena)시에 도착한다. 식민지 시절 페드로 데 발디비아가 페루 부왕령의 명령을 받아 리마와 산티아고 사이의 해상 통로이자 대화 창구로 이용하기 위해 1544년 설립한 도시다. 라세레나는 산티아고에 이어 칠레에서 두 번째로 오래된 도시다. 칠레 가톨릭교회 다섯 대교구 중 하나이기도 하고, 여름이면 칠레는 물론 아르헨티나 관광객들이 라세레나 해변으로 몰려드는 유명한 휴양지다. 그런데 이 도시는 1945년 중남미 최초로 노벨문학상을 받은 칠레의 시인 가브리엘라 미스트랄(Gabriela Mistral) 덕에 유명해졌다. 그녀가 청소년기에 라세레나에 있는 학교에서 보조교사로 일하며 재봉사였던 어머니를 부양한 곳이기에 그녀를 기리는 거리, 학교, 기념관이 있다. 시내에 있는 일본 정원, 엘키 계곡(Valle del Elqui)의 피스코(Pisco) 공장, 톨롤로 언덕 범미주 천문대(CTIO)를 비롯한 유명 천문대들이 가볼만한 곳이다. '살롱 카마(Salon Cama)'라는 등받이가 젖혀지는 밤 버스를 타고 가다 새벽녘 창밖으로 쏟아지던 별들의 향연은 지금도 잊을 수가 없다.

4 | 가능하지도, 불가능하지도 않은 임신중지

독실한 가톨릭 신자인 레베카(가명)는 결혼도 하지 않은 열아홉 살 된 딸의 임신 사실을 알았을 때 차마 불법 임신중지 수술을 권할 수 없었다. 아이의 아버지를 찾을 수 없던 탓에 흑인 혼혈인 아이는 어머니의 이탈리아 성을 따랐고 열아홉 딸은 혼자 아이를 키워야 했다.

2023년 5월 아르헨티나 정부는 에스파냐어로 '다음 날 먹는 알약(pídora del día después)'이라 불리는 사후피임약을 처방전 없이 약국에서 '무료로' 구입할 수 있도록 했다. 이 약은 피임이 실패했거나 보호되지 않은 성관계 후, 강제 성관계 후 최대 120시간까지 사용할 수 있으며 72시간 내, 특히 12시간 내 복용할 경우 효과가 더 크다고 알려져 있다. 아르헨티나에서는 이미 2020년 12월 임신 14주 이내 임신중지를 허용하는 법안을 통과시켜 가톨릭 전통이 강한 중남미 곳곳에서 논란을 불러일으킨 바 있다. 임신중지를 반대하는 수천 명이 의회 건물 앞에서 시위를 벌였고, 지지 단체 '마레아 베르데'(Marea Verde, 초록 물결)는 환호성을 울렸다. 마레아 베르데는 여성은 자신이 어머니가 될 의지와 시기를 두려움 없이 선택할 권리를 가질 자격이 있음을 주장하며 임신중지를 옹호하는 페미니스트 운동을 펼쳐왔다.

중남미 여러 국가에서 특정한 경우에 한해 임신중지를 허용하는 분위기지만 법적 권리와 접근권은 국가별로 차이가 있다. 중남미에서 가장 폭넓은 성적(性的), 생산적 권리를 허용하고 있다고 알려진 콜롬비아는 2022년 2월 임신 24주까지 임신중지를 합법화했다. 아르헨티나, 우루과이, 쿠바에서는 합법적 임신중지를 허용하되, 아르헨티나의 경우 14주까지, 우루과이와 쿠바는 12주까지로 한정하고 있다. 멕시코에서는 초기 단계의 임신중지를 헌법상의 권리로 인정하고, 멕시코 모든 주에서 임신중지를 더는 범죄로 취급하지 않기로 결정함에 따라 누구라도 연방 보건소에서 임신중지 수술을 받을 수 있도록 했으며 수술한 의료인 또한 처벌을 받지 않는다.[1] 남미 인구와 영토의 거의 절반을 차지하는 브라질은 그동안 강간이나 산모의 생명에 지장이 있는 경우와 태아가 무뇌증인 경우만 임신중지를 허용하고, 불법 수술 시 최대 3년의 징역형에 처할 수 있다. 2012~2021년 사이 브라질에서 시행된 매년 약 50만 건 이상의 임신중지 수술 중 합법적인 수술은 1만 1,837건에 불과했고[2] 임신중지를 원하는,

혹은 해야만 하는 여성들은 비밀리에 중남미 이웃 나라로 가야 했다. 아르헨티나의 로사리오(Rosario)에서는 임신중지 수술의 절반 이상이 브라질 여성들을 대상으로 했다고 할 정도다.[3] 2023년 1월 브라질 대법원은 임신 12주까지 임신중지를 합법화하자는 논의를 시작했으나 논의는 계속 연기되고 있다. 이에 임신중지권 옹호자들은 임신중지에 대한 안전한 접근을 늦춰 수많은 여성과 소녀를 죽음에 이르게 하고 있다고 판사들을 비판했다.[4]

파라과이, 코스타리카, 베네수엘라, 페루, 과테말라에서는 산모의 생명과 건강에 대한 위험을 피하기 위해서만 임신중지를 허용한다. 심지어 과테말라에서는 불법 임신중지를 한 여성에 대한 처벌을 강화해 2022년 3월 최대 형량을 징역 3년에서 5년으로 늘렸다. 파나마, 칠레, 볼리비아 역시 강간이나 태아의 생명이 위험할 경우만 임신중지를 허용한다. 에콰도르는 최근 강간으로 임신한 경우 12주까지 임신중지를 합법화하고 법원 허가서 제출 의무도 폐지했다. 그러나 엘살바도르, 아이티, 온두라스, 니카라과, 도미니카공화국은 어떤 경우도 임신중지를 허용하지 않는다.[5]

임신중지법이 통과되기 이전의 아르헨티나, 멕시코, 칠레에서 법이 일부 개정되었다고 해도 현실적으로 합법적 임신중지는 쉽지 않다. 임신부의 생명이나 건강에 위협이 되는 경우 임신중지를 허용한다고 해도 실제로 합법적인 수술이 이루어지는 경우는 극히 드물어서 페루에서는 매년 30만여 명의 여성이 불법으로 수술을 받고 있다. 멕시코에서는 2019년까지 수도인 멕시코시티에서만 합법적인 수술이 가능했다. 남한 면적의 20배, 총면적 197만 2,550제곱킬로미터인 멕시코의 여성들은 임신중지를 원한다면, 그리고 경제적 여건이 허락한다면, 임신중지 수술을 받기 위해 멕시코시티로 가야 했고 지금도 상황은 별반 다르지 않다.

현재 중남미에서는 미국령 푸에르토리코, 쿠바, 가이아나, 프랑스령 기아나, 우루과이만 임신 초기에 조건 없는 임신중지를 허용하고 있다. 우루과이 공중보건부에 따르면 자발적 임신 중단법을 통해 중남미에서 가장 낮은 산모 사망률을 기록했다.[6] 여성이 임신을 중지할 수 있는 세 가지 조건, 즉 산모 건강이 위험하다고 판단될 때, 태아의 상태가 치명적일 때, 강간을 당해 임신한 경우 임신중지가 가능한 일부 중남미 국가에서도 이 세 가지를 증명하기 위해 거쳐야 하는 과정, 병원과 의사들의 거부 등으로 그나마 합법적인 임신중지가 가능한 기간이 지나버리는 경우가 많다. 성폭행으로 임신한 여성이 성폭행 사실을 증명하지 못하고 불법 임신중지죄로 감옥에 가는 실정이다.

원치 않는 임신에는 미흡한 성교육도 한몫한다. 신생아 열 명 중 일곱 명이 혼외자일 정도로 중남미 전반에 걸쳐 혼외자의 비율도 높다. 아버지가 아이를 인정하지 않거나, 일정한 직업이 없어 양육비를 받지 못하는 가난한 소녀와 여성 들은 생명의 위험을 무릅쓰고 불법 임신중지를 택하기도

하지만, 그나마 그 비용조차 마련할 수 없는 경우가 허다하다. 저소득층이나 원주민, 농촌 거주 여성들은 안전한 임신중지에 대한 접근성이 부족하고, 특히 임신 관련 사망률이 높은 15세 미만 청소년들에게 임신중지권은 필박하다. 유엔 인구기금(United Nations Popuation Fund)에 따르면 중남미에서 15~19세 청소년의 안전하지 않은 임신중지 수술 건수는 연간 67만 건에 달하는 것으로 추산된다.[7] 결국, 홀로 아이를 기르며 가난을 대물림하게 되고 "부자들은 낙태를 하지만 가난한 사람들은 죽는다"는 말이 나오는 이유다.

보수적인 가톨릭교회에서도 임신중지는 거부하되 사회가 임신중지를 겪은 사람을 처벌하려고 해서는 안 된다고 강조하고 있다. 그러나 이는 임신중지를 허용한다는 의미는 아니다. 2024년 3월 프란치스코 교황은 임신중지를 직접 언급하지는 않았으나 모든 생명은 존엄하고, 따라서 정부와 시민사회는 여성들이 생명의 선물을 받아들일 수 있도록 도와야 할 근본적인 의무가 있다고 말했다. 의무를 알고는 있지만 실행할 준비는 되어 있는가. 임신중지를 허용한다 해도 아이의 아버지가 책임을 회피하고, 산모 건강의 위험성과 성폭행을 증명하지 못하고, 병원에 갈 돈이 없어 아이를 낳아야 하는 수많은 중남미 여성들에게 임신중지는 생존의 문제다.

5 │ 다정다감한 마초이즘

산티아고 근교에 사는 대학생 카탈리나(가명)는 금요일 밤 친구들과 노느라 집으로 가는 버스를 놓쳤다. 캠퍼스 근처 작은 아파트에 혼자 사는 같은 과의 남학생이 소파도 괜찮다면 자기 집에서 자고 가기에 선뜻 응했다. 그리고 그날 밤 카탈리나는 그 남학생에게 성폭행을 당했다. 엄마는 남들 보기 창피하니 어디 가서 말도 꺼내지 말라고 했고, 아빠는 출장 중이었다. 며칠을 고민 끝에 교내 성폭력대책위원회를 찾아갔지만 '강제에 의한 관계'였음을 증명할 수 없었다. "남자애가 너를 억지로 그 집에 끌고 갔니?"라는 질문에 그녀는 말문이 막혔다. 이럴까 저럴까 망설이는 사이에 얻어맞은 상처는 이미 아물어 경찰에 고발하고 싶어도 증거가 남아있지 않았다. 교내 심리상담센터를 찾아갔지만 카탈리나가 입은 마음의 상처를 다 치유할 수는 없었다. 출장에서 돌아온 아빠는 왜 바로 말하지 않았냐며 화를 냈고 어떻게 자식 일에 그럴 수 있냐며 엄마와 심하게 다투었다. 그러나 행실이 바르지 못한 여자 잘못이라는 엄마 생각에는 변함이 없었나. 같은 과에 그 남학생에게 비슷한 일을 당한 여학생이 여럿 있다는 것을, 그리고 오히려 상처 입은 여학생들이 행여나 다른 친구들이 알게 될까 두려워 휴학하거나 학교를 그만두었다는 사실을 나중에서야 알게 되었다.

많은 경우 여성들이 남성들보다 더 남성중심주의적이다. 성폭행당한 여성을 비난하는 여성까지 가지 않아도 가까운 일상에서 사례를 찾을 수 있다. 많이 줄었다고는 해도 칠레를 비롯한 중남미에는 여전히 길 가는 여성들에게 휘파람을 불며 희롱하는 '피로포스(piropos)'라는 문화가 있다. 칠레살이 초기에 공사장 주변을 지날 때마다 들려오는 휘파람 소리와 "어이, 예쁜 치니타(chinita, 중국 여자)"라며 치근덕거리는 말이 꽤나 거슬려 하숙집 주인아주머니에게 이야기하니 "피로포스를 당하지 않는 여자는 여자가 아니니 즐기렴"이라는 황당한 말을 들었다.

2018년 칠레에는 교내 성추행과 성폭행을 고발하는 여대생들을 중심으로 '페미니즘 물결'이 일었다. 거리로 나선 여학생들은 교수와 동료 들로부터 당한 차별과 폭력에 대한 제재와 인식이 부족한 현실을 알리기 시작했고, 카탈리나와 비슷한 경험을 가진 학생들의 고발이 이어졌다.[1] 이전에도 '미투(Me Too)'의 영향을 받은 움직임은 있었지만 본격적인 활동은 2018년 이후부터라고 할 수 있다. 칠레는 오랜 학생운동 전통을 가진 나라로, 2000년대 이후 학생 시위의 주요 주제는 교육과 사회 불평등이었다. 2017년 칠레에서 존경받는 법학자 중 한 명인 칠레대학교 법대의 카를로스 카르모나 교수가 조교로부터 성희롱 고발을 당했다. 8개월에 걸친 심사 끝에 "관련 규정이 부족하다"며 "성실성 결여"를 이유로 3개월 정직으로 일이 마무리되자 2018년 5월 여학생들이 들고일어났다. 그는 교내 교수평가위원회 위원장으로 승진 열쇠를 쥐고 있는 사람이었다. 여성 연구자들의 고발까지 이어지자 그는 결국 2018년 8월 교수직을 사임했다. 이 사건을 기점으로 여성들이 목소리를 내기 시작했다. 2019년에는 칠레판 미투라 할 '라스 테시스(Las Tesis)' 운동이 일어났다. 시위 참가자들은 "당신은 강간범이다"라는 구호를 내걸고 학계와 과학 분야에서 여성 대표의 수가 현저히 적다는 점 등을 지적하면서 남녀를 불문하고 여성들이 차별받는 상황을 간과하는 이들을 비판했다. 실제로 취업과 관련된 성차별은 대학에서 시작된다는 연구 결과도 있다.[2]

2020년 칠레가톨릭대학교의 조사에 따르면 남성의 38%, 여성의 39%가 "여성에게 가장 적합한 장소는 가족이 있는 집"이라고 답했다. 또한 남성의 42%, 여성의 40%가 "여성이 아이를 양육하기에 가장 적합하다"는 데 동의했다. "연로하신 부모님은 딸이 돌봐야 하나?"라는 질문에는 남성의 18%. 여성의 16%가 '그렇다'고 답했다.[3] 혹시 멕시코 영화

2018년 일어난 페미니즘 시위

〈달콤 쌉싸름한 초콜릿〉(2004)을 본 사람이라면 막내딸의 결혼을 막으면서까지 자신을 돌보게 하던 잔인한 모성을 떠올릴 것이다. 물론 오늘날에는 드문 일이지만, 여성이 모든 짐을 짊어져야 한다고 생각하는 중남미 문화를 대변하는 영화다.

폭력의 방식은 다를지라도 여성들이 차별받는다는 여러 연구 결과가 있다. 그러나 성별에 대한 고정관념은 직장에서보다 가정과 일상생활에 더 뿌리 깊게 자리잡고 있고 칠레 여성들이 차별과 폭력을 고발하기 위해 거리로 나선 이유도 이 때문이다. 칠레 법률 21.212조에서는 페미사이드(Femicide, 에스파냐어는 Femicidio)를 "현재 혹은 과거의 동거인, 성적 관계를 맺고 있는 비동거인, 그리고 공동의 자녀를 가지고 있는 남성으로 인한 여성 살해"로 정의하고 있다. 또한 단순히 성별이 다르다는 이유로 여성을 살해하는 행위도 페미사이드에 포함된다. 2022년에 총 43건의 페미사이드가 발생했고, 2023년까지 39건의 페미사이드와 210건의 미수 사건이 있었다.[4] 페미사이드는 피해자가 정서적 혹은 성적 관계를 거부한 경우, 매춘 혹은 유사 행위를 한 경우, 피해자의 성적 지향, 성별 정체성, 성적 정체성 등을 이유로 한 경우 발생하는 것으로 드러났고, 모든 경우 피해자를 성폭행한 후 살해했다.

칠레는 2018년까지 공기업의 약 40%를 여성이 주도할 것을 목표로 삼았었다. 가톨릭을 국교로 하고 있지만 2004년 이혼법이 통과되었고, 2006년 미첼 바첼레트가 칠레 최초의 여성 대통령으로 당선된 바 있다. 2023년 15세 이상 칠레 인구의 경제활동 참여율은 여성 51.8%, 남성 71.7%다.[5] 여성들의 경제활동 참여율은 1990년 이후 꾸준히 증가하고 있지만 남녀의 임금 격차는 여전히 크다. 심지어 남성의 정년은 65세인 반면 여성은 60세인데, 칠레에서 이에 대해 불평하는 여성들을 거의 보지 못했다. '불평등'이 아니냐고 물으면 여성 대부분이 "나이 들어 더 일하기도 귀찮다"라고 답했다. 여성이 정년까지 남성과 같은 기간 동안 같은 월급을 받는다고 해도 남성보다 42% 적은 연금을 받는데도 말이다. 성별에 따른 임금 격차(약 12%[6])는 물론이거니와 여성의 평균 수명이 남성보다 높은데도 (2021년 기준 여성 81.4세, 남성 76.5세[7]) 여성이 남성보다 5년이나 일찍 은퇴하는 현실에 대해 의구심을 갖는 사람들이 있지만 별다른 주치는 없다. 여성 경제학자 엘리사 카베손(Elisa Cabezón)은 심지어 칠레 사회에서 이 문제를 건드리는 일은 터부로 여겨지기도 한다고 지적한다.[8] 조사에서 남성의 19%, 여성의 16%는 "일하는 여성은 가정을 방치한다"고 생각하는 것으로 드러났다. 또한, 남성 53.4%, 여성 45.2%는 남성이 집안 경제를 책임져야 한다고 답했다. 근소한 차이기는 하지만 사회경제적 수준이 높을수록 '공급자'로서의 남성 역할에 대해서는 동의하지 않는다고 했으나 교육 수준이 높은 여성들이 가정을 책임지고 있는 경우에도 남성이 가정을 책임지기를 바란다고 답한 비율이 높았다.[9]

흔히 중남미 남자들은 다정다감하다고 생각하는데 맞는 말이기도 하다. 유머 넘치고 로맨틱하지만 모든 여자에게 다정한 게 탈이라면 탈일 것이다. 30대인 로드리고(가명)의 아버지는 여섯 번의 결혼과 혼외 관계를 통해 17명의 자녀를 두었다. 홀로 아이를 낳은 로드리고의 어머니가 왜 병원에 오지 않았냐고 다그치자 아버지는 그날 다른 아이도 태어나서 그랬다고 했단다. 로드리고는 지금도 시골에서는 이런 일이 있을 거라고 했다. 무뚝뚝한 독일 남자에 질려 다정다감한 칠레 남자와 결혼한 독일 친구들이 있었다. 그러나 대부분 칠레로 돌아오자마자 가부장적으로 돌변한 남편과 이혼했다. 로드리고는 칠레를 "여자들의 등을 밟고 이루어진 나라"로 비유하며, 상처투성이 이네스 데 수아레스(Inés de

Suárez, 1507~1580)가 칠레 여인의 삶을 대변한다고 말했다. 수아레스는 에스파냐에서 남편을 찾아 천신만고 끝에 아메리카대륙으로 건너왔지만 남편은 이미 사망했다. 그녀는 정복자 페드로 데 발디비아의 원정대에 들어가 남성보다 뛰어난 능력으로 수많은 전쟁을 치르며 칠레 정복에 큰 역할을 했다. 하지만 정식 부인도 아닌 데다 아내가 있던 발디비아와 동거했다는 이유로 비난을 받고, 왕실의 명으로 발디비아는 수아레스를 버리고 다른 여성과 혼인한다.

"다마스 프리메로(Damas primero, Lady First)". 식당에 가도, 엘리베이터를 탈 때도, 문을 열고 들어갈 때도, 심지어 길을 건널 때에도 여성이 먼저다. 차를 멈추고 먼저 길을 건너라며 다정한 손짓을 건네는 칠레 남성 운전자들. 그러나 그 이면에는 길에서 불어대는 휘파람과는 다른 종류의 남성 우월주의가 자리잡고 있다. 칠레의 유명 작가이자 활동가인 파블로 시모네티(Pablo Simonetti)는 피노체트 독재정권 동안 칠레의 마치스모(machismo, 남성우월주의)는 더욱 견고해졌고, 민주화 이후 정권들도 이런 전통을 이어받았다고 지적했다.[10] 학교, 직장, 사회 전반에 걸쳐 사람들의 의식이 변화하기까지는 시간이 걸리겠지만, 최소한 칠레의 젊은 여성들은 자신들의 목소리를 키워가는 중이다.

6 | 꿈틀대는 아시안 혐오

2021년 페루 대통령 선거에서 전 후지모리 대통령의 딸 게이코 후지모리(Keiko Fujimori) 후보가 페드로 카스티요(Pedro Castillo) 후보에게 패배했다. 그로써 중남미 최초이자 유일한 아시아계 대통령이었고, 부정부패와 인권침해로 25년 형을 선고받은 그녀의 아버지 알베르토 후지모리(Alberto Fujimori, 1990~2000 페루 대통령 재임)가 면죄부를 받을 가능성은 희박해졌다. 후지모리는 페루로 이주한 일본 이민자의 후손이다. 일본인의 아메리카대륙으로의 이민은 19세기 말에 시작되었다. 1899~1908년, 최초의 남미 농업 이민자들이 페루와 브라질에 도착했다. 페루와 칠레의 전통음식 '세비체'(양념한 생선회)도 사실 페루의 일본 이민자들의 유산이다.

중남미 대륙에 도착한 최초의 아시아인은 필리핀을 통해

멕시코로 건너간 노예 취급을 받던 중국인 노동자들(쿨리 coolie)이었다. 16세기 당시 에스파냐는 식민지였던 필리핀에서 중국과 교역을 하기 위해 수도 마닐라(Manila)에 세계 최초의 차이나타운인 중국인 구역(barrio chino)을 형성했다. 이후 이 구역은 물물교환은 물론 아메리카대륙에 노동력을 제공하는 창구가 되었다. 중국계 미국인 학자 에블린 후 드 하트(Evelyn Hu-DeHart)에 따르면 1565~1815년 사이에 중국인 노동자 약 2만 명이 멕시코 아카풀코(Acapulco)항에 도착했다.[1] 에스파냐는 16세기에 필리핀 노예들을 중남미로 데려갔는데, 에스파냐인들은 이들을 포함해 모든 아시아인을 'Chino(치노, 중국인)'라고 불렀고 중남미에서는 '인디오 치노스'(indios chinos)라고도 불렀다. 1990년 후지모리 전 대통령이 대선에 출마했을 때 그의 별명도 'El Chino'(엘 치노)였다. 중남미에서 '치노'는 대체로 경멸적인 표현이지만, 때로 애정표현이 되기도 한다. 후지모리는 '엘 치노'라는 자신의 별명을 국민의 사랑으로 받아들인다고 말하곤 했다.

중남미에 도착한 '치노'들은 일을 잘했다. 그래서 현지 노동자들은 물론 흑인 노예들도 경계할 정도였다. 중국인들은 멕시코를 시작으로 중남미 곳곳에 퍼져나가기 시작했고 멕시코와 쿠바, 페루는 최대 중국인 거주 지역이 되었다. 특히 페루는 1849년 '중국인법(Ley China)'을 제정해 중남미에서 최초로 합법적인 노예제도를 도입했다. 1847~1874년에 '중국인 노예'라 불리던 노동자 약 23만 명이 쿠바와 페루,

멕시코 등으로 건너갔고 이들 대부분은 아프리카 누예들과 함께 담배와 사탕수수 농장에서 일했다. 19세기 중반 멕시코가 영토의 절반을 미국에 넘기게 되면서 노예제와 플랜테이션 경제는 심각한 위기를 맞았고, 미국령이 된 멕시코 영토에 거주하던 아시아인들은 쿠바 남부와 카리브해, 그리고 브라질로 건너갔다. 페루에 있던 중국인 노예들은 19세기 말 칠레와 페루-볼리비아 사이에 벌어진 태평양전쟁 당시 노예 해방을 조건으로 칠레군을 도왔고 전쟁 후 칠레로 이주했다.

일본에서 중남미 대륙으로 조직적인 대규모 이주가 시작된 것은 1868년 메이지 유신 이후였다. 19세기 말 미국 정부는 하와이에서 시작된 플랜테이션 사탕수수 농장에서 일할 값싼 노동력을 구하기 위해 세계 각국에서 노동자를 모집했고, 농업노동자 대부분이 하와이에서 미국 서부까지 이주했다. 1882년 미국 서부의 중국인 인구 증가를 막기 위해 제정된 '중국인 배척법(Chinese Exclusion Act)'에 따라 중국인 이민이 중지되고 1885년부터 일본인 노동자로 대체되었다. 1890년경에 이르면 일본인 노동자가 전체 이주 노동자의 80%를 차지하면서 처우 개선을 요구하는 파업에 돌입하는 등 목소리를 내자 백인 농장주들은 일본인 대신 한국, 필리핀, 포르투갈 이민자들을 고용하기 시작했다. 이후 일본인들은 일본 정부의 지원을 받아 중남미의 브라질, 페루, 볼리비아, 아르헨티나, 콜롬비아, 칠레, 파라과이, 멕시코, 그리고 쿠바에까지 건너갔다. 초기 이민자 중에는 오키나와인을 포함해 당시 일본의 식민 지배를 받던 타이완, 한국, 만주 사람들도 있었다.[2] 일본인은 노예가 아닌 방식으로 중남미에 들어온 첫 아시아 이민자들이었다. 그들은 중남미 지역사회에서 사회경제적 주류에 성공적으로 편입되었을 뿐만 아니라 현지인과의 혼인으로 인종적 혼합을 이루었다.

한국의 경우, 1905년 일본과 을사늑약이 체결되며 조선인의 미국 이민이 중단되기까지 총 7,226명의 조선인이 하와이에 도착했다.[3] 식민지 시기에도 일본의 이민 사업을 통해 하와이와 중남미로 이주하는 조선인들이 있었다. 영화 〈애니깽〉(1997)에는 동양척식주식회사의 중개로 멕시코 사탕수수 농장에 팔려가다시피 한 조선인들의 이야기가 나온다. 잘 먹고 잘살기 위해 선택한 이민이었지만, 그들은 노예 취급을 받으며 고된 노동에 시달렸다.

한국전쟁 이후 한국 정부는 실업과 식량 문제를 해결하기 위해 잉여인구의 해외 이민을 추진했다. 1960년대 한국과 남미 국가 간의 외교 관계가 성립되면서, 넓은 국토에 비해 인구가 적은 남미 국가로 해외 이민이 이루어졌는데, 한국 정부에 의한 최초의 집단 이민이자 남미로의 첫 공식적인 이민이었다. 영화 〈공동경비구역 JSA〉(2000)에 등장하는 인물처럼 한국전쟁 후 남미로 건너간 전쟁포로도 있지만 그 수는 매우 적다. 한국 이민자들도 대부분 '치노' 취급을 받았다. 1970년대가 되어서야 한국인의 칠레 이민이 시작되었으나 칠레의 이웃인 파라과이, 아르헨티나 등에서 이주한 사람들로 투자 이민이 대부분이었다.

20세기 중반 이후 아시아는 중남미의 주요 교역 대상으로 부상했다. 중국을 중심으로 한 아시아 경제 상황에 따라 중남미 경제도 춤을 출 정도다. 한국산, 중국산, 일본산 제품이 중남미 사람들의 생활을 지배한 지 오래다. '치노'들은 심지어 만화와 애니메이션, 케이팝을 앞세워 대중문화까지 점령하기 시작했다. 그러나 칠레를 포함한 많은 중남미 사람이 아직도 아시아 대중문화를 '치노' 문화로 여기고 심지어 아시아 대중문화를 좋아하는 사람들까지 '치노' 취급하기도 한다. 아시아 시장은 중요하지만 '치노'들의 대중문화까지 두 팔 벌려 반기는 것은 아직 무리인 듯하다.

그런 얄미운 '치노'들은 코로나19라는 전염병까지 몰고 왔다. '치노'들은 개, 고양이, 원숭이만 먹는 줄 알았더니 박쥐까지 먹는다는 영상이 인터넷에 떠돌았다. 칠레와 콜롬비아의 TV 프로그램에서는 BTS를 빗대어 아시아인들이 코로나19 감염의 주범이라는 편견을 드러내는 방송을 내보내 물의를 빚었다. 하지만 중국에서 보내주는 백신은 대환영이었다.

중남미에서는 찢어진 눈, 노란 피부 등의 말에 노여워하면 농담도 못 알아듣는 사람 취급받기 일쑤다. 뼛속 깊은 무감각한 인종차별은 코로나19로 더 은밀하고 잔인해졌다. 싸늘한 시선과 곁눈질, 따돌림, 인터넷을 떠도는 해괴한 유언비

어는 폭력으로 드러나는 아시아 혐오 범죄 이상의 공포감을 준다. 아시아 시장의 필요성은 커져가지만, 아시아인에 대한 인식은 변화하지 않는 중남미. 코로나19 대유행은 우리에게 중남미와의 심리적 거리부터 좁히라는 시급한 과제를 던져줬다.

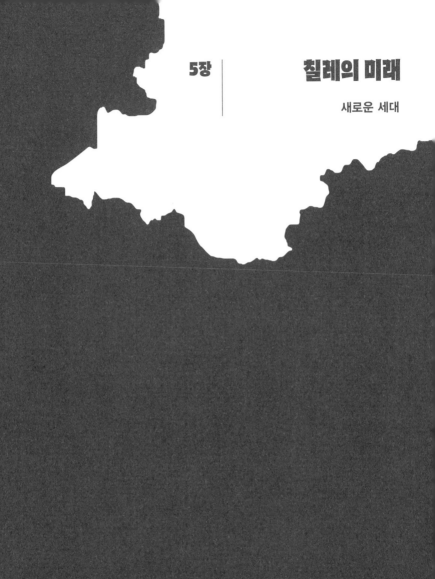

5장 | **칠레의 미래**

새로운 세대

1 | 인터넷 세대, 세상을 만나다

2020년 3월, 코로나19의 유행으로 산티아고 시내 전체가 봉쇄에 들어가면서 내가 재직하던 칠레가톨릭대학교는 온라인수업을 시작했다. 교수 회의와 학회 등 모든 활동도 온라인으로 전환됐다. 비 오는 날이면 인터넷이 끊기기도 하고, 오디오와 비디오를 모두 틀기에는 인터넷 용량이 부족해 오디오로만 접속한 학생들이 대부분이었지만, 어쨌든 온라인수업은 비교적 원활하게 진행됐다. 아이러니하게도 칠레가톨릭대학교는 시위에 대비해 이미 온라인수업을 준비하고 있었다. 2019년 10월 중순에 일어난 대규모 시위 이후 시내 전체가 수개월째 마비되었고 조만간 가라앉을 기미가 보이지 않자 학교에서는 학사 일정에 차질이 생길 것에 대비한 것이었다. 내가 2004년 칠레에 도착한 이후 처음으로 학기를 제대로 마치지 못했을 정도로 심각한 상황 속에서, 그렇게 준비된 온라인수업은 빛을 발했다.

　그나마 칠레는 중남미에서 인터넷 사용률이 가장 높은 나라라 온라인수업이 가능했다. 2021년 19개국을 기준으로 한 중남미 인터넷 사용자는 평균 71.86%였다. 그중 칠레는 90.19%로 가장 높았고, 우루과이(90.07%)와 아르헨티나(87.15%)가 그 뒤를 이었다. 브라질은 80.69%, 멕시코는 75.63%였으며 아이티가 38.95%로 가장 낮았다.[1] 칠레에서 인터넷은 1986년 칠레대학교(Universidad de Chile)와 칠레산티아고대학교(Universidad de Santiago de Chile)에서 시험실시 후 1990년대부터 상용화되었고 2000년대 중반부터 보급을 확산했다. 특이하게도 칠레는 아옌데 대통령 재임 중인 1971년 국가 경제를 효율적으로 운영하기 위해 중앙과 지역을 연결하는 컴퓨터 통신망 구축 사업을 벌인 적이 있다. 사이버신 프로젝트(Project Cybersyn)라고 불리는 이 사업은 기술력의 한계와 경제 위기, 1973년 쿠데타 발발로 성공하지 못했다.[2] 현재 칠레에서는 VTR, ENTEL, MOVISTAR, GTD 등의 통신회사가 인터넷 사업을 주도하고 있다. 칠레의 인터넷 속도는 평균 89.13Mbps로 중남미에서 가장 높다(글로벌 순위 27위). 그다음은 우루과이(59.29Mbps), 브라질(53.89Mbps) 순이다.[3] 인터넷 속도가 빠른 편임에도 불구하고 한 화면에 내용이 많은 한국 웹사이트는 칠레에서 잘 안 열릴 때가 많고 기후와 지형에 따라 제약을 받는 경우가 제법 있다.

　인터넷은 칠레 사회를, 특히 젊은이들의 삶과 문화를 놓

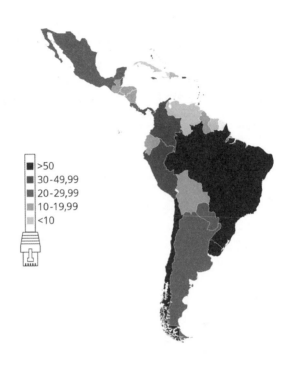

>50
30-49,99
20-29,99
10-19,99
<10

중남미 지역별 인터넷 속도[4]

았다. 2010년 칠레의 컴퓨터 보유율은 전년보다 5% 증가한 57%였으며, 인터넷 보급률은 전년 대비 6% 증가한 41%였다.[5] 2010년 2월 진도 8.8의 지진이 일어났을 때 일주일 동안 집에 전기가 들어오지 않아 전기가 들어오고 인터넷이 되는 근처 PC방을 찾아 이메일을 확인했던 기억이 있다. 이후 인터넷 보급률은 급속도로 증가했고 시민들, 특히 젊은이들은 인터넷을 소통하고 자신들의 목소리를 내는 도구로 사용하기 시작했다. 2011년 칠레에서는 칠레교육시스템 개혁을 요구하는 중고등학생과 대학생들의 시위가 있었다. 이 시위는 2000년대 들어 가장 중요한 학생운동이자 칠레 민주화 이후 최대 규모였는데, 연구 결과에 따르면 시위를 주도한 칠레대학교 학생연합(FECH, Federación de Estudiantes de la Universidad de Chile)은 정부에 적절한 조치를 촉구하고 운동 성과를 알리는 데 주로 SNS(Social Network Service)를 이용했다.[6]

2016년 칠레가톨릭대학교와 발파라이소가톨릭대학교, 칠레대학교가 9~17세를 대상으로 인터넷 이용과 의존도에 대해 조사한 결과, 어린이와 청소년의 91%가 인터넷을 사용해 공부와 과제를 하고 80%는 SNS를 이용하며, 79%는 인터넷 게임을 하는 것으로 밝혀졌다.[7] 2017년 국립청소년부(INJUV, Instituto Nacional de la Juventud)와 산토토마스대학교(Universidad Santo Tomás) 랑카구아(Rancagua) 캠퍼스가 15~29세 청소년 9,000여 명을 대상으로 조사한 바에 따르면 85%가 매일 인터넷을 사용하고 하루 평균 사용 시간은 5.81시간이었다.[8] 2019년 칠레에서 실시된 세대별 인터넷 접속 기기에 대한 설문 조사에서 X세대에 속하는 41세 이상 모두와 밀레니얼 세대의 99%, Z세대의 95%가 휴대전화로 인터넷을 사용한다고 답했다.[9]

인터넷은 2019년 10월부터 코로나19 유행으로 봉쇄가 시작된 2020년 3월 중순까지 계속된 대규모 시위에서도 핵심역할을 담당했다. 시위에 참여한 젊은이들은 주로 트위터

(Twitter), 인스타그램(Instagram), 와츠앱(WhatsApp) 등으로 소통한 것으로 나타났다. 칠레에서는 주로 와츠앱을 사용하는데, 나도 시위가 일어나던 10월 18일 오후 늦게 수업을 마치고 조교가 와츠앱으로 지하철 출구를 알려줘서 겨우 귀가했다. 한국에 온 이후에도 칠레 친구, 지인 들과 와츠앱으로 소통하고 있다. 비 오는 날 정전, 단수 소식, 2019년 시위 당시에는 지하철 지연과 시위 상황 등을 트위터로 확인하곤 했다. 칠레의 SNS 보급률은 약 84.9%로 중남미에서 두 번째로 높다. 2022년 칠레의 인스타그램 사용자는 약 345만 명이었지만 점차 감소 추세이고 트위터는 꾸준히 사용자 수를 유지하고 있다.[10] 2024년 3월 발표된 데이터에 따르면 25~34세 여성이 남미에서 SNS를 가장 많이 사용한다. SNS 가운데 페이스북이 월 전체 방문자 수의 70% 이상을, 그다음으로 약 10%를 인스타그램이 차지하고 있다.[11]

칠레가 중남미 한류 전파의 허브가 되는 데에도 인터넷의 역할이 컸다. 피노체트 군사독재정권 기간(1973~1990) 중 '시카고 보이즈'의 주도하에 등장한 신자유주의 경제정책으로 세계화의 속도가 빨라졌다. 외국인 투자가 증가하고 정보통신기술에 대한 접근이 쉬워졌을 뿐만 아니라 역설적이게도 은행 대출을 통해 저소득층도 부채를 끼고 인터넷에 접근할 수 있게 되었다. 칠레 사회는 인터넷을 통해 지난 수십 년 동안 목격한 변화와 비교할 수 없을 정도의 문화적 변화와 충격을 체감했다. 지구 반대편 아시아의 문화를 접할 수 있다는 장점 이외에도 인터넷 세상에서는 계층에 따른 문화 소비의 차이를 느낄 수 없다는 점도 젊은이들에게는 매력적이었다. 에스파냐로부터 독립한 이후 칠레는 태평양전쟁에서 이웃 페루와 볼리비아를 상내로 승리를 거두며 남미에서 확고한 기반을 다졌고 군사정권 동안 중남미의 경제발전 모델이 될 정도의 발전을 이루었다. 중남미 다른 국가들과는 차별화되는 정치적 안정도 경제발전에 한몫했다. 주변국에 비해 원주민 인구가 상대적으로 적어 '유럽성'을 강조하기가 상대적으로 수월했던 데 반해 지리적으로 고립된 탓에 칠레 사람 대다수는 외국인, 외부 문화와 접촉할 기회가 많지 않았다. 오늘날에도 유럽은 칠레의 중요한 문화유산으로 간주되어 초·중·고등학교 역사 교과서가 유럽의 역사로 시작될 정도다.[12] 인터넷은 새로움에 굶주린 젊은 세대들이 지구 반대편 문화까지 접할 수 있는 창을 열어준 셈이다. 다른 세상을 보며 칠레 사회의 부조리에 대해 더 객관적으로 성찰하게 되었을 수도 있을 테다.

그런데 젊은이들의 인터넷 사용과 인터넷을 통한 아시아 대중문화에 대한 접근이 2019년 시위 상황과 묘하게 맞물려 이른바 '빅데이터 사건'이 일어났다. 칠레 내무부는 SNS가 시위와 일반 대중에게 미친 영향력을 조사해 약 112페이지 분량의 보고서를 검찰에 제출했는데, '외국'과 '젊은이'라는 두 개의 키워드를 특히 강조하며 당국에 대한 비판이 높은 그룹으로 '케이팝 팬'을 꼽아 논란이 되었다.[13] 이 사실이 한국 언론에까지 보도되자 칠레 정부는 정부의 공식 입장이 아님을 밝혔으나 이는 케이팝의 인기, 케이팝의 주 팬층인 젊은 여성들, 그리고 그들의 높은 SNS 사용률이 뒤틀린 방향으로 엮인 한 예라고 할 수 있다.

아옌데 대통령의 사이버신 프로젝트의 목표는 국가 기간산업의 국유화를 위한 사회주의경제를 구축하는 일이었으나 칠레의 인터넷은 신자유주의와 세계화의 물결을 타고 확장해 왔다. 그리고 이제 칠레 젊은이들은 인터넷을 통해 낯선 세상과 가까워지고 자신들이 사는 세상을 바꾸어 갈 꿈을 꾼다.

2 | 능력보다는 출신?

신분증과 사진, 지문, 수표 작성에 필요한 서명, 칠레 거주 주소, 그리고 소득·자산·부채 정보. 칠레에서 은행 계좌를 여는 데 필요한 것들이다. 신용카드와 수표 없이 현금 카드만 지급하는 계좌가 아닌 한, 칠레에서는 일정한 소득이 없으면 은행 계좌를 만들기가 쉽지 않다. 그런데 대학 졸업 시즌이 다가오면 칠레가톨릭대학교, 칠레대학교와 같은 명문 대학에 재학 중인 의대생, 공대생 들에게 은행이 먼저 계좌를 열어주겠노라며 다가간다. 이들은 취업 걱정이 없고 고소득의 미래를 보장받은 잠재 우수 고객이기 때문이다.

칠레에서 대학은 전공 공부에 충실하지 않으면 졸업할 수 없는, 말 그대로 공부하는 곳이다. 시험을 통해 공무원을 뽑지 않고 전공에 따라 직장을 찾기 때문에 공무원 시험 같은 취업을 위한 준비를 따로 하는 경우는 드물고 대부분 졸업 후 곧바로 취업한다. 칠레에서 대졸 초임 월급이 가장 높은 전공은 의학이고, 그다음은 대학과 유사하지만 전문적인 기술을 배우고 훈련하는 인스티투토 프로페시오날(Instituto Profesional)이라는 전문교육기관의 산업공학 전공자다.[1] 인스티투토 프로페시오날은 1981년 고등교육 개혁을 통해 탄생한 민간 기관으로, 높은 수준의 전문 기술을 습득할 수 있는 곳이다. 일반 대학과 마찬가지로 4~5년 과정이고 학사 학위를 수여하지만, 학문적 학위는 아니다.

취업 5년 차 전공별 월급 순위도 1위는 의학(401만 1,250페소), 2위 광산토목공학(382만 7,846페소), 3위 금속토목공학(313만 4,762페소), 4위 지질학(281만 2,163페소), 5위 전기토목공학(278만 2,662페소) 순으로, 공학 분야 관련 직업이 소득이 높다. 그에 비해 법학은 20위(206만 5,447페소)다.[2]

신입생을 가장 많이 뽑는 대학 전공은 의외로 심리학과 법학으로, 매년 약 1만 명 이상의 학생이 대학의 두 전공학과에 입학하고 심리학 전공자의 59%, 변호사의 경우에는 73%가 학업을 마친 후 일자리를 찾는다.[3] 심리학은 정신건강을 중시하는 칠레 사회의 분위기로 모집 정원이 늘어나는 추세다. 초·중·고등학교는 물론이고 대학에도 의무적으로 상담 심리사가 근무한다. 코로나19 유행 이후 사회 전반적으로 심리상담의 필요성이 커졌다. 칠레 교육부에 따르면 심리학 전공자의 졸업 후 첫해 월급은 87만 8,634페소, 5년 차 월급은 122만 2,771페소다.[4] 칠레에는 고시 제도도 로스쿨도 없다.

대학에서 법학을 전공하고 시험을 통과하면 변호사 자격이 주어지고 이후 일정 기간 경력을 쌓으면 판검사로 전환하거나 계속 변호사 일을 할 수 있다.

칠레 공무원은 공고를 통해 선발한다. 임명직을 제외한 일반 공무원의 경우 4급 269만 1,694페소, 21급은 66만 5,629페소를 월급으로 받는다.[5] 칠레 통계청의 자료에 따르면 2022년 취업 인구의 연금과 건강보험료를 제한 평균 소득은 월 75만 7,725페소였고, 국민 절반 이상의 월평균 소득은 약 50만 2,604페소였다.[6] 대학 졸업 여부는 물론 출신 대학과 전공에 따라 급여의 차이가 커서 대졸 월급의 평균을 내기가 어렵다. 2023년 5월 칠레 정부는 18세 이상 65세 이하 근로자의 최저임금을 44만 페소로 정했고 같은 해 9월 46만 페소로 조정했다. 현행 규정에 따르면 다음 조정은 2024년 7월 1일부터 12월 31일까지 소비자물가지수 누적 변동률에 따라 2025년에 시행한다.[7]

취업 기회가 많지 않은 인문학 전공생들의 경우 대학 졸업 후 교육학과에서 1년을 더 수강하고 교사 자격을 취득하기도 한다. 매년 10~11월이면 학생 몇 명이 교육대학 편입을 위해 추천서를 써달라는 부탁을 하곤 했다. 칠레의 교육 제도는 초등학교 8년, 중고등학교 통합 4년, 그리고 대학 과정인데, 초등학교 교사의 평균 급여는 월 72만 5,000페소, 중고등학교 교사의 경우 월 48만 페소다. 그러나 교사의 전문성 정도와 공사립에 따라 급여 차이가 크다. 대학교수의 평균 급여는 월 120만 481페소다.[8] 2016년부터 교사의 경제 상황을 개선하고자 경력에 따라 혜택을 주는 시스템을 도입했으나[9] 교사들의 상황은 여전히 어렵다. 그동안 칠레에서 교육과 관련한 시위가 빈번했던 이유에는 교육의 질 외에도 교사들의 처우 개선 문제가 있었다.

성별은 물론 피부색과 계급의 불평등은 취업과 급여에서도 나타난다. 디에고포르탈레스대학교(Universidad Diego Portales)의 경제연구소에 따르면, 2022년 기준 칠레 여성들은 남성들보다 27.1% 낮은 급여를 받은 것으로 나타났다. 정규직의 남녀 급여 차이는 18.8%인 데 비해, 비정규직은 30.1%까지 차이가 났다.[10] 또한, 은퇴 연령에도 차이가 있는데 여성은 60세, 남성은 65세다.[11] 학교에 따라 차이는 있지만 대학교수도 마찬가지라는 사실이 놀라웠는데, 더욱 놀라운 일은 교수는 물론 나이가 많은 여성들이 나이 들어 일하기 힘들다며 전혀 문제시하지 않거나 오히려 더 좋아하는 사람도 있다는 점이었다.

기업은 공채가 없고 그때그때 빈자리가 나면 공고로 모집을 하니 알음알음을 무시할 수 없다. 칠레대학교 법대를 졸업하고 칠레 정부 부처에서 일하고 있는 친구에게 어떻게 그 자리로 가게 되었냐 물으니 친구 추천으로 들어갔다고 했다. 칠레의 한 명문대학에서 대학과 대학원 과정을 마치고 칠레 대기업에서 일한 경험이 있는 한 한국계 청년은 칠레가톨릭대학교와 칠레대학교 이외의 이력서는 바로 휴지통으로 던

져버리는 모습을 보고 충격을 받았다고 했다. 더 큰 충격이었던 것은 유럽 성씨를 가진 좋은 집안의 백인은 명문대 출신이 아닌데도 바로 입사를 하고, 아무도 그런 절차에 이의를 세기하시 않는 모습이었다.[12]

전공이 다른 학생들이 내 수업을 들은 덕에 나는 여러 학생이 다양한 분야에서 앞날을 헤쳐나가는 모습을 볼 수 있었다. 실업률이 8.4%를 넘는 시대에[13] 명문대학을 나와도 엘리트층에 속하지 않으면 좋은 일자리를 찾기 힘든 사회, 하지만 그 속에서도 꿋꿋하게 자기 길을 찾아가는 청년들에게서 칠레의 미래를 본다. 좋은 출신에 능력까지 출중해 칠레 사회를 이끌어 갈 인재로 자리 잡은 제자들에 대한 기대 또한 크다. 이들이 앞으로 칠레 사회의 발전을 위해 서로 손잡을 날을 기다려 본다.

2023년 11월 17일, 칠레 일간지《라 테르세라(La Tercera)》는 가브리엘 보리치 대통령과 사실상의 퍼스트레이디 이리나 카라마노스(Irina Karamanos)의 결별을 보도했다.[1] 보도 이후 보리치 대통령은 SNS를 통해 4년간 이어온 연인 관계가 끝났음을 알렸다.

이리나 카라마노스의 조부모는 그리스, 외조부모는 독일 태생이다. 그녀의 아버지는 교사이자 칠레 산티아고 그리스 공동체의 리더였고, 어머니는 우루과이에서 태어난 독일어-에스파냐어 번역가였다. 이리나는 독일 하이델베르크대학에서 인류학과 교육 공학을 전공했으며 에스파냐어, 그리스어, 영어, 독일어에 능통한 재원이다. 그녀는 연인인 보리치의 정치활동을 절대적으로 지지했지만, 보리치 대통령 당선 후 대통령도 그녀도 영부인 역할은 원하지 않았다. 하지만 여러 상황상 결국 영부인 역할을 맡게 되었을 때, 이리나는 "나는 '퍼스트'도 '레이디'도 아니"라고 선언하며 '이리나의 내각'이라는 말이 나올 정도로 사회문화와 여성 문제 방면에서 활발한 활동을 벌였다.

칠레에서 보리치 대통령과 이리나 카라마노스와 같이 커플이 결혼하지 않고 동거하는 일은 나이를 불문하고 흔한 일이다. 칠레식 에스파냐어로 '파레하(pareja)'는 결혼을 했건 안 했건 '커플'을 지칭하는 말이다. 연인과 부부를 굳이 구별하지 않는다. 또 칠레에서는 사랑하는 사람이라면 이성·동성 모두 공식적인 결혼, 시민결합(unión civil), 동거 등의 형태로 함께할 수 있다. 비록 시민결합과 동거가 제한적이기는 하지만 법적으로 보호를 받는다. 칠레 상·하원은 2021년 10월 동성결혼 합법화 법안을 압도적 다수로 통과시키고 다음 해 3월 10일부터 주민센터 홈페이지를 통해 혼인신고를 할 수 있도록 했다.[2] 이로써 가톨릭 국가인 칠레는 중남미에서 여덟 번째로 동성 간 혼인을 인정한 국가가 되었다. 동성결혼 합법화 법안은 칠레 LGBT 커뮤니티의 노력으로 2017년 처음 발의되었지만 의회에서 보류된 바 있다. 동성혼에 반대한 보수 정당 소속이던 세바스티안 피녜라(Sebastián Piñera Echenique, 2010~2014·2018~2022 재임) 대통령은 어쩔 수 없이 양원의 의견을 따랐으나 보수 연합 지지자들의 거센 비난을 감수해야 했다.

칠레의 평균 결혼 연령은 2024년 3월 기준 남성은 평균

38.4세, 여성은 평균 36세이고, 인구 1,000명당 결혼율은 2.7명이다.[3] 2019년 6만 1,596건이었던 혼인신고는 2020년 코로나19 유행 이후 3만 7,647건으로 줄었으나 그로 인한 봉쇄와 제한이 풀리기 시작한 2021년에는 5만 1,403건, 2022년에는 6만 9,069건으로 증가했는데 이는 10년 만에 최고 수치였다.[4] 반면 이혼율은 큰 변화가 없었다. 코로나19 유행 이후 급격한 혼인신고 증가에 대해서는 팬데믹으로 금지되었던 각종 행사와 모임을 다시 열 수 있게 된 이유 이외에도 팬데믹 기간에 개인의 일상을 잠시 멈추고 성찰할 시간을 갖게 되면서 정서적 안정의 필요성을 절감했기 때문이라는 분석도 있다.

그러나 결혼보다는 시민결합이나 동거를 원하는 사람이 여전히 더 많다. 한 칠레 친구는 농담 반 진담 반으로 요즘 결

혼인신고 건수와 그중 시민결합이 차지하는 비율[5]

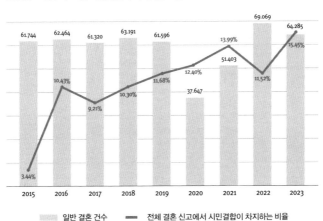

혼하는 사람은 동성애자들뿐일 거라고 말했다. 이혼 후 감당해야 할 경제적 부담을 피하고 싶은 사람, 번거로움에 이혼하지 않고 별거 상태를 유지하는 사람, 사랑하는 데 형식은 중요하지 않나고 생각하는 사람 등등 이유는 각기 다르다.

칠레에서는 사귀기 시작하면 바로 동거에 들어가는 경우가 많다. 칠레 학생들도 연인과 동거한다는 이야기를 편하게 한다. 칠레 생활 초기에는 어떻게 대학생이 동거를 하나, 어떻게 그런 얘기를 대놓고 하나 당황했지만, 나중에는 익숙해졌다. 타인의 사생활에 대해 누구도 뭐라 할 권리는 없으니. 한쪽은 결혼을, 다른 한쪽은 동거를 고집하면 두 사람이 타협점을 찾는다. 한 칠레 친구는 연인과 20년째 동거 중이다. 동거 기간이 길어지다 보니 군이 결혼할 필요를 느끼지 못했고, 지금은 귀찮다는 생각이 든단다.

부모가 자식의 연애에 개입할 때도 있지만 찬성이나 반대의 개념과는 다르다. 나이와 상관없이 데이트도 주로 집에서 한다. 만나기 시작하면 바로 집에 데려가니, 칠레 여학생과 사귀던 한국인 남학생은 아직 공식적인 사이도 아닌데 그 집 식구들을 다 만났다며 어색해 했고, 칠레 여학생은 혼자 진지해지는 한국인 남자친구를 보며 황당해 했다. 주말에 친구 집에 갔는데 친구 아들의 여자친구가 잠옷을 입은 채로 돌아다녀 놀란 적도 있다. 칠레에서는 흔한 일이다. 어쩌면 모텔을 전전하는 것보다 안전하고 건전하다는 생각도 들었다. 자식들의 남자친구, 여자 친구와 같이 여행을 가는 친구들도 있다. 부모들이 원하니 할 수 없이 가는 여행이 아니다. 꼭 결혼할 사이가 아니어도 상관없다. 한 친구는 아들의 연인이 정말 마음에 들어 동거할 아파트를 구해주기도 했다. 독실한 가톨릭 신자인 한 친구는 열세 살 어린 콜롬비아인 연인과 동거하며 아들을 낳고도 결혼하지 않는 딸 때문에 고민이었다. 아이를 좋은 사립 가톨릭 학교에 보내기 위해 결국 결혼하는 딸을 보며 신이 자신의 기도를 들어주었다며 좋아했다.

결혼은 안 해도 아이는 낳는다. 점차 감소 추세에 있기는 해도 2021년 기준 여성 1인당 출산율은 1.5명이다(1971년 3.65명, 1992년 2.5명, 2000년 2명).[6] 기혼 여성의 출산율이 1990년에 66%[7]였던 데 비해 2024년에 혼외 출산율이 75.1%[8]로 늘었는데, 이는 지난 30년간 급격하게 일어난 변화다. 가톨릭교회의 영향으로 이혼도 불가능했고 사후피임약도 쓸 수 없었으며 임신중지는 상상도 할 수 없던, 서구 세계에서 가장 보수적인 나라로 알려져 있던 칠레에서, 2014년 이혼법이 통과되고 제한적이기는 해도 사후피임약을 허용한 것은 물론, 시민결합과 동거도 법적 보호를 받을 수 있게 되었기 때문에 벌어진 일이라는 해석이 지배적이다.[9] 그러나 혼외자의 증가에는 아버지를 알 수 없거나 아버지가 자식으로 인정하지 않는 경우, 청소년 미혼모의 증가와 같은 사회 문제가 함축되어 있다. 이른바 "내 아를 낳아도"라는 말은 "내 아이만 낳아달라"는 뜻이지 미래에 대한 약속은 아닌 것이다.

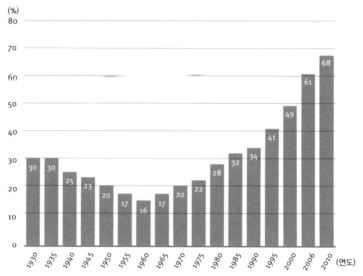

아버지가 아이를 인정하면 아버지의 성을 쓸 수 있고 다달이 양육비를 받을 수 있지만, 일정한 직업이 없다면 강제할 방법이 없다. 돈이 많다고 다가 아니다. 이혼한 상류층 엘리트 친구는 다달이 전남편으로부터 수표를 받는 일이 지긋지긋하다고 한다.

그럼에도 불구하고 사랑은 포기할 수 없다. 어린아이부터 노인까지, 사랑은 지극히 자연스러운 일이다. 나이 들어 주책이라는 말도 당연히 없다. 칠레 사람들의 표현을 빌리면, "우리는 살아 있기" 때문이다. 단 하루를 만나도 사귀는 사람을 가족과 지인들에게 소개한다. 헤어지면 어떻게 하냐고? 만나고 헤어지는 일이 맘대로 되는 것도 아니니 그다지 중요하지 않다. 연애를 시작하면 친구들은 으레 "그 사람이 널 웃게 하니?"라고 묻는다. 그저 '나를 웃게 하는' 사람과 함께 행복한 것, 그것이 그들의 사랑관이다.

4 | 칠레 사회를 뒤흔드는 한류

산티아고 시내 한복판에 있는 가브리엘라 미스트랄 문화센터(Centro Cultural Gabriela Mistral, 이하 GAM)의 한 모퉁이에서 케이팝이 들려온다. GAM은 1945년 중남미 여성 최초로 노벨문학상을 수상한 칠레 시인 가브리엘라 미스트랄의 이름을 딴 문화센터다. 케이팝 팬들은 매주 주말 이곳에 모여 GAM 건물의 큰 창을 거울삼아 케이팝 커버댄스를 연습하고 다른 팬들과 교류한다. GAM에 자리를 잡지 못한 팬들은 길 건너편 산보르하 공원(Parque San Borja)에서 춤을 춘다. 10대, 20대 여성 팬이 많지만, 비슷한 또래의 남성 팬도 드물지 않게 보인다.[1]

사실 이들이 GAM에 모여 춤을 추기 시작한 것은 칠레 사회에서 케이팝이 환영받지 못했기 때문이다. 마포초 강변 이곳저곳에서 청소년들이 모여 춤을 추자 산티아고시는 2013

칠레가톨릭대학교 학생들의 케이팝 공연 모습

년 도시 경관을 어지럽힌다는 이유로 GAM 이외의 장소에서는 모임을 금지했다. 당시 칠레의 주요 방송사인 칠레비시온(CHV)은 이 사실을 보도하며 케이팝은 "사회 계층, 연령, 성별을 넘나드는 트랜드"라고 소개했다.[2] 이후 GAM과 산보르하 공원은 야외 케이팝댄스 스튜디오가 됐다.

나는 2014년 무렵부터 칠레를 비롯한 에스파냐어권의 한류 수용을 연구하기 시작했다. 내가 케이팝 수용 연구에 관심을 갖게 된 것은 우연한 기회였다. 2010년 칠레와 페루에서 한국 3인조 아이돌 그룹 JYJ가 콘서트를 열자 한국에서는 '중남미에 부는 케이팝 열풍'이라는 내용의 기사가 잇따라 보도되었고, 한국에서 중남미 케이팝 열풍에 대한 특강 요청이 왔다. 당시만 해도 케이팝은 거리에서 춤을 추며 소란을 떠는 중·하류층 사춘기 소녀들의 취미로 취급받고 있었다.

211

게다가 중남미에는 33개국이나 있는데 칠레와 페루에서 JYJ의 콘서트가 열렸다고 중남미 전체가 케이팝 열풍에 휩싸였다고 말하기는 어려운 일 아닌가. 내가 보고 느낀 그대로를 이야기하니 나를 실망하는 눈치였다. 내가 이른바 명문대학에서 일하니 그리 편협한 시각을 가진 것 아니냐며 비난하는 사람들도 있었다. 칠레를 비롯한 중남미 전체에서 케이팝이 인기를 끌고, 케이팝의 인기에 이어 학생들이 한국학 수업을 듣고, 케이팝 사랑이 한국에 대한 사랑으로까지 이어졌으면 하는 한국인들의 기대에 부응하지 못한 셈이었다. 나는 칠레 사람들과 인터뷰를 했다. 수업을 듣는 학생들, 그들의 친구들, 그리고 GAM과 산보르하 공원에서 케이팝 댄스를 추는 청소년들과 이야기를 나누고, 이들의 한국 대중문화 수용에 관한 연구를 시작한 것이다.

칠레 한류 팬덤에 대한 기존 연구에서 드러나듯, 눈에 보이는 케이팝 팬 대부분은 가정 형편이 넉넉지 않은 중·하류층 소녀들로 주류에 섞이지 못하는 아웃사이더로 여겨졌고, 케이팝을 좋아하는 남성 팬들은 게이로 오해받기도 했다.[3] 이는 칠레 및 중남미 사회의 유럽중심주의와 남성우월주의, 모든 아시아인을 중국인으로 치부하며 차별하는 치노이즘(Chinoism)에 기인한 것이다. 그들은 피부색과 성(姓), 빈부에 따라 구분되는 계급사회에서 느끼는 차별과 소외로부터 탈출하고 싶다는 열망을 가지고 있었다. 신자유주의 도입 이후 빈부격차는 더 심해졌지만, 역설적이게도 신자유주의는 칠레의 사회·경제·문화적 약자들에게 인터넷을 통해 다른 세상을 엿볼 기회를 주었다. 그들은 커버댄스를 추며 다른 팬들과 만나 친구가 되고, 친구를 통해 케이팝을 좋아하는 다른 친구를 만날 수 있다며 좋아한다. 계급과 빈부의 차이로 차별받고 유럽 중심적 문화 속에서 소외당하던 이들은, 서로 만나면 더는 아웃사이더가 아니었다. 주변화는 오히려 팬들로 하여금 소셜미디어라는 공간을 활용해 더 큰 유대감을 형성했으며[4] 이러한 유대감은 2019년 시위 당시 케이팝 팬들의 커버댄스 시위로까지 이어지기도 했다.

케이팝은 이러한 문화적 틈바구니를 뚫고 인기를 끌기 시작했고 오늘날 칠레는 가히 중남미 한류의 메카라 할 수 있다. 2011~2023년까지 총 15차례의 '뮤직뱅크 월드 투어' 중 세 차례가 2012년, 2018년, 2022년에 칠레에서 열렸고, 2019년에는 'SM타운 라이브' 공연이 산티아고에서 열려 이웃 나라에서까지 몰려든 팬들로 성황을 이뤘다.

칠레를 비롯한 중남미의 한류는 아시아와 북미 등 여타 지역과는 도입 시기와 발전 면에서 차이가 있다. 또 중남미 지역 내에서도 나라마다 한류가 알려진 시기와 드라마, 케이팝, 영화 등 선호도에 나름의 특색이 있다. 공식적으로 중남미에 한국 대중문화가 처음 소개된 것은 2002년 멕시코, 칠레, 페루, 브라질에 한국 드라마가 방영되면서부터다.[5] 방영 시기는 국가마다 다르고 이후에는 간헐적으로 소개되는 정도였는데 10여 년이 지나 드라마 〈꽃보다 남자〉가 방영

되면서 한국 드라마가 제법 알려지기 시작했다. 물론 그사이 2005년에 김기덕 감독의 〈봄, 여름, 가을, 겨울… 그리고 봄〉이나 박찬욱 감독의 〈친절한 금자씨〉 등은 영화 마니아들의 사랑을 받았다. 일부 학자들은 한국 드라마가 중남미에서 성공할 수 있는 이유를 한국의 감성이 중남미와 비슷하기 때문이라고 하는데 중남미에서 생산되는 드라마의 내용을 고려해 보면 전혀 무관하지는 않다. 차이가 있다면 한국 드라마는 줄거리도 흥미로우면서 온 가족이 보기에도 적절한 내용이라는 점이다.[6]

그러나 칠레를 비롯한 중남미에서 한류 인기의 견인차는 케이팝이다. 초기에는 주로 슈퍼주니어, 동방신기, 소녀시대, 빅뱅 등이 팬층을 이끌었고 슈퍼주니어 커버댄스 그룹 블루보이(Blue Boy)는 자체 팬클럽까지 생길 정도였다. 2011년 KBS는 슈퍼주니어 멤버 신동을 닮은 블루보이 멤버의 일상을 보도했고, 이후 중남미 주재 한국대사관들에서는 앞다투어 커버댄스 그룹을 대상으로 케이팝 콘테스트를 개최했다. 2012년 전 세계를 강타했던 〈강남스타일〉도 케이팝 인기에 톡톡히 한몫했다. 개인적으로는 〈강남스타일〉의 인기가 그다지 반갑지는 않았다. "너도 〈강남스타일〉 춤을 추니?"라는 농담 반 진담 반의 비아냥거림도, 서민 대상의 한 은행이 싸이와 체격이 비슷한 한국 동포를 모델로 만든 대출 광고도 불쾌했다.

이제는 케이팝 팬층과 선호 그룹도 다양해지고 연령층의

폭도 넓어졌다. 드라마의 경우는 매회 챙겨보기 힘든 경우가 많지만, 케이팝은 가사를 몰라도 리듬을 즐기고 안무를 따라 하는 재미가 있어 칠레 대중에게 더 쉽게 다가갈 수 있었다.[7] 2020년 펩시 칠레 지사는 'K-Pepsi Chile'라는 케이팝 아이돌 모방 그룹을 만들어 자사 제품을 광고했다. 춤과 노래에 재능이 있는 칠레 케이팝 남성 팬 다섯 명을 모집해 한국어, 영어, 에스파냐어가 섞인 케이팝 스타일의 음악을 선보였다. 그 광고에는 언어와 가사, 안무는 물론 남성성, 테크놀로지 등과 같은 칠레가 생각하는 케이팝의 이미지가 드러나 있다.[8] 칠레 한류 팬덤은 하위문화를 통한 현상이기 때문에 고전적인 팬덤의 정의와 꼭 부합하지는 않는다. 그러나 칠레의 한류 팬들은 케이팝을 재해석하고 재창조하는 과정을 통해 나름의 방식으로 한국 대중문화를 즐기는 중이다.

정신 사나우니 한곳에 모여 춤을 추라고 시에서 지정해 준 GAM은 이제 산티아고 케이팝 팬덤의 성지가 되었다. 케이팝 커뮤니티를 위한 댄스 교실, 춤의 날, 케이팝 마라톤 등 다채로운 행사가 벌어지고[9] 케이팝 팬들은 축제의 주인공 역할을 하고 있다. 2010년대 중반까지만 해도 학기가 끝나거나 학기가 시작하고 한참 후에야 소수의 학생이 "사실 저 케이팝 좋아해요"라고 수줍게 말했지만, 이제는 수업 첫 시간부터 많은 학생이 당당하게 케이팝 사랑을 고백하는 세상이 되었다.

본문의 주
이미지 출처

본문의 주

들어가며

1   칠레 작가 벤하민 수베르카소스(Benjamín Subercaseaux Zañartu, 1902~1973)가
     쓴 유명한 에세이의 제목이다.

1장 바케다노 광장과 지하철 요금 30원

1 | 기나긴 군부독재가 끝나고

1   Biblioteca del Congreso Nacional de Chile, "Salvador Allende Gossens," www.
     bcn.cl/historiapolitica/resenas_biograficas/wiki/Salvador_Allende_Gossens

2   Biblioteca del Congreso Nacional de Chile, "Salvador Allende Gossens," www.
     bcn.cl/historiapolitica/resenas_biograficas/wiki/Salvador_Allende_Gossens

3   Patrimonio de Chile, "Lentes de Allende: una pieza única del patrimonio
     de Chile," www.patrimoniodechile.cl/688/w3-article-73412.html?_
     noredirect=1

4   Mar Romero, "Operación Cóndor: historia de la persecución contra la izquierda
     en América Latina," *El Orden Mundial*, 11 Aug 2019, elordenmundial.com/
     operacion-condor-izquierda-america-latina/

5   Biblioteca del Congreso Nacional de Chile, "Periodo 1973-1990," www.bcn.
     cl/historiapolitica/hitos_periodo/detalle_periodo.html?filtros=1,2,3,4,5,6&p
     er=1973-1990&pagina=3&K=1#listado_hitos

6   Biblioteca del Congreso Nacional de Chile, "Periodo 1973-1990," www.bcn.
     cl/historiapolitica/hitos_periodo/detalle_periodo.html?filtros=1,2,3,4,5,6&p
     er=1973-1990&pagina=3&K=1#listado_hitos

7   Biblioteca del Congreso Nacional de Chile, "Periodo 1973-1990," https://
     www.bcn.cl/historiapolitica/hitos_periodo/detalle_periodo.html?filtros=1,2,
     3,4,5,6&per=1973-1990&pagina=3&K=1#listado_hitos

2 | 신자유주의의 늪에 빠지다

1 OECD, "Public pensions," www.oecd.org/els/public-pensions/PAG2021-country-profile-Chile.pdf

2 FINANCIAL TIMES, "Chile's pioneering pension system now needs reform," www.ft.com/content/7f2c2d17-8b47-4ad3-bf9a-6e342e6d66c6

3 Irina Aguayo Ormeño, "Ingreso Mínimo Mensual periodo 2018-2020," obtienearchivo.bcn.cl/obtienearchivo?id=repositorio/10221/29534/1/BCN_112020_Ingreso_minimo_mensual.pdf

4 Talent.com, "Salario medio para Asesora Hogar en Chile 2024," cl.talent.com/ salary?job=asesora+hogar#:~:text=Descubre%20cu%C3%A1l%20es%20el%20salario%20medio%20para%20Asesora%20Hogar&text=%C2%BFCu%C3%A1nto%20gana%20un%20Asesora%20hogar%20en%20Chile%3F&text=El%20salario%20asesora%20hogar%20promedio,con%20un%20ingreso%20de%20%20%24244.020.

3 | 넘을 수 없는 빈부격차

1 가톨릭평화방송(cpbcTV), 〈특별기획 미션: 5부 씨 뿌리는 사람이 씨를 뿌리러 나갔다(칠레)〉, youtu.be/FnRLuLRmZ58?si=OXV09cHrqEnbL2Zf

2 Mónica González, "Chile: entre el cambio y la indignación por la desigualdad," CIPER17, 28 Jul 2022, www.ciperchile.cl/2022/07/28/entre-el-cambio-y-la-indignacion/

3 Ricardo Ffrench-Davis, "Progresos y retrocesos del desarrollo económico de Chile en los gobiernos de la Concertación: 1990-2009," El trimestre econ 83(329), Jan 2016, www.scielo.org.mx/scielo.php?script=sci_arttext&pid=S2448-718X2016000100005#aff1

4 Christian Leal, "Revista estadounidense explica porqué es un mito que Pinochet arregló la economía de Chile," biobiochile.cl, 12 Sep 2018, https://www.biobiochile.cl/noticias/economia/actualidad-economica/2018/09/12/revista-estadounidense-explica-porque-es-un-mito-que-pinochet-arreglo-la-economia-de-chile.shtml

5 Memoria Chilena, "Crisis económica 1982," www.memoriachilena.gob.cl/602/w3-article-98012.html

6 Christian Leal, "Revista estadounidense explica porqué es un mito que Pinochet arregló la economía de Chile," biobiochile.cl, 12 Sep 2018, www.

biobiochile.cl/noticias/economia/actualidad-economica/2018/09/12/revista-estadounidense-explica-porque-es-un-mito-que-pinochet-arreglo-la-economia-de-chile.shtml

7 Ana María Rugiero Pérez, "EXPERIENCIA CHILENA EN VIVIENDA SOCIAL. 1980-1995," *Revista invi*, 13(35), 1998, 3-87

8 DIARIO FINANCIERO, "Desigualdad de ingresos retrocede y el índice Gini llega a su mínimo histórico," 6 Nov 2023, www.df.cl/aniversario/desigualdad-de-ingresos-retrocede-y-el-indice-gini-llega-a-su-minimo

9 Sofía Aravena, "Desigualdad a la baja: índice Gini llega a su menor nivel desde que hay registro," *LATERCERA* 27 Jul 2023, www.latercera.com/pulso/noticia/desigualdad-a-la-baja-indice-gini-llega-a-su-menor-nivel-desde-que-hay-registro/TKGNIOYOBZG6PJ3IKP5E2W5HWI/

4 | 높디높은 칠레 엘리트들의 벽

1 Beatriz Marín-Aguilera, "Chile: The Furthest Frontier of the Spanish Empire," www.beatrizmarinaguilera.com/project/chile-the-furthest-frontier-of-the-spanish-empire/

2 ENCYCLOPEDIA, "Foundations Through Independence," www.encyclopedia.com/humanities/encyclopedias-almanacs-transcripts-and-maps/foundations-through-independence

3 AUSTRALIS CAPE HORN & PATAGONIA, "A very brief history of Irish Chilean names," 18 Jul 2019, https://blogpatagonia.australis.com/brief-history-irish-chilean-names/

4 Johanna Gautier Morin · Thierry Rossier, "The interaction of elite networks in the Pinochet regime's macroeconomic policies," 16 Aug 2020, onlinelibrary.wiley.com/doi/abs/10.1111/glob.12300

2장 유럽과 남미 그 사이

1 | 원주민과 정복자들

1 Carla Y. Davis-Castro, "Indigenous Peoples in Latin America: Statistical Information," 2020, www.everycrsreport.com/files/20200213_R46225_128adcb09e3067c35446c87b012ae4a960173af8.pdf

2   U.N. Department of Economic and Social Affairs, "Indigenous Peoples at the UN," www.un.org/development/desa/Indigenouspeoples/about-us.html.

3   United Nations, "The United Nations Declaration on the Rights of Indigenous Peoples: A Manual for National Human Rights Institutions," HR/PUB/13/2, 2013, www.ohchr.org/Documents/Issues/IPeoples/UNDRIPManualForNHRIs.pdf.

4   Economic Commission for Latin America and the Caribbean, "Guaranteeing Indigenous people's rights in Latin America: Progress in the past decade and remaining challenges," Nov 2014, 40, repositorio.cepal.org/bitstream/handle/11362/37051/4/S1420782_en.pdf.

5   United Nations Economic Commission for Latin America and the Caribbean and the Development Fund for the Indigenous Peoples of Latin America and the Caribbean (Fondo para el Desarrollo de los Pueblos Indígenas de América Latina y el Caribe), "Los pueblos indígenas de América Latina—Abya Yala y la Agenda 2030 para el Desarrollo Sostenible: tensiones y desafíos desde una perspectiva territorial," 2020, www.filac.org/wpcontent/uploads/2021/02/Los-Pueblos-Indigenas-de-America-lLatina-y-la-Agenda-2030-para-el-DesarrolloSostenibleAutosaved.pdf

6   Martín de Dios, "The situation of Latin America's indigenous population and the impact of COVID-19," United Nations Development Programme, 14 May 2020, www.undp.org/latin-america/blog/situation-latin-americas-indigenous-population-and-impact-covid-19

7   Martín de Dios, "The situation of Latin America's indigenous population and the impact of COVID-19," United Nations Development Programme, 14 May 2020, www.undp.org/latin-america/blog/situation-latin-americas-indigenous-population-and-impact-covid-19

8   세계고문방지기구, www.omct.org/en

9   Ana Gonzalez, "Understanding Indigenous Conflict in Chile: January 2019-August 2020," (Armed Conflict Location and Event Data, 16 Sep 2020, acleddata.com/2020/09/16/understanding-indigenous-conflict-in-chile-january-2019-august-2020/

10   Sebastián Donoso · Camila Palacios, "Pueblos indígenas y reconocimiento constitucional: aportes para un debate," *Temas de la Agenda Pública*, 22 Mar 2018, politicaspublicas.uc.cl/publicacion/pueblos-indigenas-y-

reconocimiento-constitucional-aportes-para-un-debate/

11 CEPAL, "Report on the economic impact of coronavirus disease (COVID-19) on Latin America and the Caribbean," 28 May 2020, hdl.handle. net/11362/45603

2 | 다문화 속 타문화, 혼종의 공간

1 Charis McGowan, "From sport to music, Chile's Palestinian diaspora rallies to support Gaza," *ALJAZEERA*, 10 Nov 2023 , www.aljazeera.com/ news/2023/11/10/from-sport-to-music-chiles-palestinian-diaspora-rallies-to-support-gaza

2 Memoria Chilena, "La inmigración árabe a Chile (1885-1950)," www. memoriachilena.gob.cl/602/w3-article-3523.html

3 Biblioteca del Congreso Nacional de Chile, "Crece la inmigración asiática en Chile movida por las oportunidades laborales," www.bcn.cl/observatorio/ asiapacifico/noticias/crece-inmigracion-asiatica-chile-oportunidades-laborales

4 Newsletter Imagen de Chile, "Palabras de uso común de raíces indígenas," 22 Junio 2018, www.marcachile.cl/en/2018/06/22/palabras-de-uso-comun-de-raices-indigenas/

5 Pontificia Universidad Católica de Chile, "¿Qué es ser chileno o chilena hoy?," 14 Sep 2021, www.uc.cl/noticias/que-es-ser-chileno-o-chilena-hoy/

3 | 칠레는 남미가 아니다

1 Aaron O'Neill, "Population of Chile 1800-2020," statista, Feb 2 2024, www. statista.com/statistics/1066841/popuation-chile-historical/

2 Rosario Montt de Etter, *Inmigración suiza en Chile en el siglo XIX. Por su propia fuerza. El pionero Ricardo Roth, Santiago de Chile*, Centro de Estudios Bicentenario, 2001, 49. Esta remesa fue resultado de la acción de la agencia de colonización(Marcela Martínez Rodríguez, "Migración y Colonización. La Agencia de Colonización como actor indispensable en el proyecto de colonización chileno. 1882-1901," *Revista de Estudios Históricos* 71, 2020, www.redalyc.org/ journal/898/89862567003/html/#fn14에서 재인용)

3 Cristián Doña-Reveco · Amanda Levinson, "Chile: A Growing Destination Country in Search of a Coherent Approach to Migration," *Migration*

Information Source, 6 Jun 2012, www.migrationpolicy.org/article/chile-growing-destination-country-search-coherent-approach-migration

4   Raffaele Nocera, "RUPTURA CON EL EJE Y ALINEAMIENTO CON ESTADOS UNIDOS: CHILE DURANTE LA SEGUNDA GUERRA MUNDIAL," *Historia*, 38(2), 2005, 397-444. dx.doi.org/10.4067/S0717-71942005000200006

5   William Edmundson, *A History of the British Presence in Chile: From Bloody Mary to Charles Darwin and the Decline of British Influence*, New York: Palgrave MacMillan, 2009, 103-129.

6   Enrique Fernández Domingo, "La emigración francesa en Chile, 1875-1914: entre integración social y mantenimiento de la especificidad," *Amérique Latine Histoir et Mémoire. Les Cahiers ALHIM. Les Cahiers ALHIM*, 12, 2006.

7   Jorge Correia Jesuino, "Latin europe cluster: from South to North," 9 January 2002, www.sciencedirect.com/science/article/pii/S1090951601000761

8   FamilySearch, "Guillaume Pinochet Erac," ancestors.familysearch.org/en/L7NP-1H2/guillaume-pinochet-erac-1696-1742

9   Universidad San Sebastián, "La Galería de los Ilustres: tres siglos de presencia francesa en Chile," 4 Dec 2023, www.uss.cl/noticias/galeria-de-los-ilustres/

10   Sitio oficial de la ciudad de Valparaíso, "La inmigración italiana," web.archive.org/web/20090307012114/http://www.ciudaddevalparaiso.cl/inicio/patrimonio_historia_sxxi.php?id_hito=13

11   Nicolás Palacios, *Raza Chilena*, Editorial Chilena, 1918.

12   Nicolás Palacios, *Raza Chilena*, Editorial Chilena, 1918.

4 | 유럽중심주의를 파고든 '양키' 문화

1   Consilience Korea, "Panel Joven – Simulación de la post-unificación de la Península de Corea." 19 Jun 2015, www.youtube.com/watch?v=h5DNXG7G9uI

2   World Culture Encyclopedia, "Chile," www.everyculture.com/Bo-Co/Chile.html

3   Miguel A. Centeno, Agusín E. Ferraro, eds., *Symbolic Power and Legitimacy. In: State and Nation Making in Latin America and Spain*, Cambridge University Press, 2013, 269-396.

4   María Cristina Prieto Larraín, "Branding Chilean National: Socio-cultural Change, National Identity and International Image," Unpublished Doctoral

Dissertation (Leiden University, 2011); Carolina Stefoni, "Immigrantes transnacionales: La formación de comunidades y la transformación en ciudadanos", *FLACSO, Facultad Latinoamericana de Ciencias Sociales, Sede Chile*, (9), 2004.

5   Stefan Rinke, *Encuentros con el yanqui: Norteamericanización y cambio cultural en Chile (1898-1990)*, Santiago: Dibam, 2014.

6   M. T. Gilderhus, "The Monroe doctrine: meanings and implications," *Presidential Studies Quarterly*, 36(1), 2006, 5-16.

7   Michel Gobat, "The Invention of Latin America: A Transnational History of Anti-Imperialism, Democracy, and Race," *The American Historical Review*, 118(5), 2013, 1345-1376.

8   Memoria Chilena, "Influencia de los Estados Unidos," www.memoriachilena. gob.cl/602/w3-article-94637.html

9   Stefan Rinke, *Encuentros con el yanqui: northamericanizatión y cambio sociocultural en Chile, 1898-1990*, Santiago, Chile: DIBAM, 2014.

3장 가깝고도 먼 이웃들

1 | 넘치는 자원의 땅, 누가 주인인가?

1   Pontificia Universidad Católica de Chile, "COMPLEJO ANDRÓNICO LUKSIC ABAROA," www.ing.uc.cl/nuestra-escuela/sobre-ingenieria-uc/ infraestructura/complejo-andronico-luksic-abaroa/

2   FUNDACIONES FAMILIA LUKSIC, "FAMILIA LUKSIC: NUESTRA HISTORIA," fundacionesfamilialuksic.cl/familia-luksic/

3   José Cabello, "Reservas, recursos y exploración de litio en salares del norte de Chile," *Andean Geology*, 49 (2), May 2022, www.andeangeology.cl/index.php/ revista1/article/view/V49n2-3444/html

4   Stephany Griffith-Jones · Diego Vivanco · Lissette Briones, "Importancia reciente del litio en la economía chilena," Banco Central de Chile, 29 Aug 2023, www.bcentral.cl/contenido/-/detalle/importancia-reciente-del-litio- en-la-economia-chilena

5   Stephany Griffith-Jones · Diego Vivanco · Lissette Briones, "Importancia reciente del litio en la economía chilena," Banco Central de Chile, 29 Aug

2023, www.bcentral.cl/contenido/-/detalle/importancia-reciente-del-litio-en-la-economia-chilena

6   Leonardo Cárdenas, "Tesla activa lobby por litio en Chile: gigante liderada por Elon Musk se reúne con Corfo, Minería y Cancillería, y anuncia visita a plantas de producción," *LA TERCERA*, 1 Mar 2023, www.latercera.com/earlyaccess/noticia/tesla-activa-lobby-por-litio-en-chile-gigante-liderada-por-elon-musk-se-reune-con-corfo-mineria-y-cancilleria-y-anuncia-visita-a-plantas-de-produccion/QYK3LHTR45ANFFBZXWTNZUOXZQ/

7   Marcelo Awad, "Lithium – At the heart of the salars triangle," *GLOBAL BUSINESS REPORT: CHILE MINING 2021*, projects.gbreports.com/chile-mining-2021/lithium/

8   Leonardo Cárdenas, "Tesla activa lobby por litio en Chile: gigante liderada por Elon Musk se reúne con Corfo, Minería y Cancillería, y anuncia visita a plantas de producción," *LA TERCERA*, 1 Mar 2023, www.latercera.com/earlyaccess/noticia/tesla-activa-lobby-por-litio-en-chile-gigante-liderada-por-elon-musk-se-reune-con-corfo-mineria-y-cancilleria-y-anuncia-visita-a-plantas-de-produccion/QYK3LHTR45ANFFBZXWTNZUOXZQ/

9   Jorge Vega, "Tesla opens first South America store in Chilean capital," *reuters*, 2 Feb 2024, www.reuters.com/business/autos-transportation/tesla-opens-first-south-america-store-chilean-capital-2024-02-01/

10   Mining Technology, "China's Tsingshan plans $233m investment in Chilean lithium plant," *MiningTechnology*, 17 Oct 2023, www.mining-technology.com/news/tsingshan-233m-chilean-lithium/?cf-view

11   Ali Rahman · Leland Lazarus, "The China-West Lithium Tango in South America," *THE DIPLOMAT*, 23 Oct 2023, thediplomat.com/2023/10/the-china-west-lithium-tango-in-south-america/

12   soychile, "Codelco comprará empresa de litio que opera en el Salar de Maricunga en Atacama," 24 Jan 2024, www.soychile.cl/Copiapo/Sociedad/2024/01/24/844983/salar-codelco-litio.html

13   soychile, "Codelco comprará empresa de litio que opera en el Salar de Maricunga en Atacama," 24 Jan 2024,https://www.soychile.cl/Copiapo/Sociedad/2024/01/24/844983/salar-codelco-litio.html

14   Marcelo Awad, "Lithium-At the heart of the salars triangle," *GLOBAL BUSINESS REPORT: CHILE MINING 2021*, projects.gbreports.com/chile-

mining-2021/lithium/

15 Ariel Cohen, "Chile's Nationalization Of Lithium : "Green Protectionism" Endangering Energy Transition," *Forbes*, 16 May 2023, www.forbes.com/sites/arielcohen/2023/05/16/chiles-nationalization-of-lithium--green-protectionism-endangering-energy-transition/?sh=7c8766e71176

16 Business & Human Right Resource Centre, "Chile: Estudio muestra los efectos negativos de la extracción de litio en el desierto de Atacama," 30 Nov 2019, www.business-humanrights.org/es/%C3%BAltimas-noticias/chile-estudio-muestra-los-efectos-negativos-de-la-extracci%C3%B3n-de-litio-en-el-desierto-de-atacama/

17 "La explotación del litio en Chile conlleva costos socioambientales que deben ser previstos por el estado," *El Observador*, 17 may 2023, www.elobservador.com.uy/nota/la-explotacion-del-litio-en-chile-conlleva-costos-socioambientales-que-deben-ser-previstos-por-el-estado-202351622310

2 | 페루, 사라지지 않은 적대감

1 José Manuel Zavala·Tom D. Dellehay, Daniel M. Stewart, Getrudis Payás, Francisco Javier Medianero, "Los mapuche de Concepción y la frontera inca: revisión de fuertes tempranas y nuevos datos," *Revista de Historia*, 28(2), 2021, 138-168.

2 José Bengoa, *Historia de los antiguos mapuches del sur*, Editorial Catalonia, 2003, 37-38.

3 Jay Monaghan, *Chile, Peru, and the California Gold Rush of 1849*, University of California Press, 1973, 10.

4 민원정, "영토 갈등의 화해 가능성과 한계에 대한 연구: 칠레, 페루, 볼리비아를 중심으로", 《라틴아메리카연구》, 35(1), 2022, 69-91.

5 División de Información Comercial y Análisis de Datos, Dirección de Estudios, SUBREI, "FICHA PAÍS: CHILE- PERÚ," Feb 2024, www.subrei.gob.cl/docs/default-source/estudios-y-documentos/fichas/peru-anual.pdf?sfvrsn=bb2e4f1b_11

3 | 볼리비아, 자원을 둘러싼 경쟁

1 Britannica, "War of the Pacific: South American history," www.britannica.com/event/War-of-the-Pacific

2   민원정 〈영토 갈등의 화해 가능성과 한계에 대한 연구: 칠레, 페루, 볼리비아를 중심으로〉, 《라틴아메리카연구》, 35(1), 69-91.

3   Mabel Azcui, "Evo Morales Reclama a Chile una Salida Marítima para Bolivia," EL PAÍS, 24 Mar 2014, elpais.com/internacional/2014/03/23/actualidad/1395599928_320776.html

4   Abhishek Law, "India taps into Bolivia, Chile for lithium availability," thehindubusinessline, 2 Nov 2023, www.thehindubusinessline.com/news/india-taps-into-bolivia-chile-for-lithium-availability/article67488947.ece?fbclid=IwAR3XlZGVcJgsYCo0FD6Z2naH5ydf9SJ_J-DTc-yOx_NVS2qQqHGPU5Q7lMg

5   Charis McGowan, "Humanitarian crisis looms on Chile-Bolivia border as migrants cross on foot," The Guardian, 9 Mar 2021, www.theguardian.com/global-development/2021/mar/09/chile-bolivia-border-crisis-migrants

6   "Chile y Bolivia suscriben acuerdo para promover la migración regular," Servicio Migraciones Chile, 20 Sep 2023, serviciomigraciones.cl/chile-y-bolivia-acuerdo-migracion-regular/

4 | '괜찮은 이웃' 아르헨티나

1   Peter A.R. Calvert·Robert C. Eidt·Tulio Halperin Donghi, 2024 May 21, "Argentina," Britannica, www.britannica.com/place/Argentina

2   Cármara de Turismo de la provincia de Mendoza, "Ruta Turística Sanmartiniana," mendoza-camara.org/ruta-turistica-sanmartiniana/

3   Memoria Chilena, "José de San Martín (1778-1850)," www.memoriachilena.gob.cl/602/w3-article-93425.html

4   Memoria Chilena, "Tratado de límites con Argentina," www.memoriachilena.gob.cl/602/w3-article-92197.html

5   Nicolas Vivar Werner, "Chile y Argentina: Un conflicto histórico en Campos de Hielo Sur," Fundación Glaciares Chilenos, 21 Oct 2020, www.glaciareschilenos.org/reportajes/chile-y-argentina-un-conflicto-historico-en-campos-de-hielo-sur/

6   Veronica Smink, "La zona en el pasaje de Drake que genera una disputa territorial entre Argentina y Chile," BBC NEWS, 10 Sep 2021, www.bbc.com/mundo/noticias-america-latina-58507538

7   Daniela Toro, "Chile es destino preferente: El fenómeno de la "migración

temporal" de médicos argentinos que buscan mayores ingresos," *Emol.*, 4 Jul 2023, www.emol.com/noticias/Nacional/2023/07/04/1099952/exodo-medicos-chile-argentina-salud.html

8   Countryeconomy.com, "Argentina CPI Consumer Price Index – CPI falls in June of 2024 in Argentina," countryeconomy.com/countries-cpi/argentina

9   ámbıt, "Miles de argentinos cruzaron a Chile para realizar turismo de compras y se revirtió la tendencia del año pasado," 1 Apr 2024, www.ambito.com/informacion-general/miles-argentinos-cruzaron-chile-realizar-turismo-compras-y-se-revirtio-la-tendencia-del-ano-pasado-n5974523

5 | 칠레에 손 뻗는 마약 카르텔

1   Leonardo Vallejos, "Tenía laboratorio en su casa y vendía las drogas DMT por redes sociales: Detalles de detención de biotecnólogo," *emol.*, 11 Apr 2024, www.emol.com/noticias/Nacional/2024/04/11/1127528/detalles-bioquimico-dtm-droga.html

2   VFCC Abogados, "Cannabis y su ley vigente en Chile," www.vfcabogados.cl/en/cannabis-y-su-ley-vigente-en-chile/

3   Fundación Daya, "Ley Cultivo Seguro llevará el nombre de Rodrigo Barraza en memoria del joven padre de Pichilemu, perseguido por cultivar cannabis para su hijo con autismo," 12 Apr 2021, fundaciondaya.org/ley-cultivo-seguro-llevara-el-nombre-de-rodrigo-barraza-en-memoria-del-joven-padre-de-pichilemu-perseguido-por-cultivar-cannabis-para-su-hijo-con-autismo/

4   Henry Shuldiner, "Chile es terreno fértil para los cultivos de marihuana," *Insight Crime*, 30 Mar 2022, insightcrime.org/es/noticias/chile-es-terreno-fertil-para-los-cultivos-de-marihuana%EF%BF%BC/

5   Arnaldo Sepúlveda, "Carabineros decomisa en la provincia de Choapa más de 8.600 plantas de cannabis avaluadas en $46 mil millones," *LA TERCERA*, 18 MAR 2022, www.latercera.com/nacional/noticia/carabineros-decomisa-en-la-provincia-de-choapa-mas-de-8600-plantas-de-cannabis-avaluadas-en-46-mil-millones/MQMBIGRFBJC2RF6Q4GL33USUEM/

6   FISCALÍA, OBSERVATORIO DEL NARCOTRÁFICO, *INFORME 2021*, Sep 2021, www.fiscaliadechile.cl/Fiscalia/quienes/observatorio_2021.pdf

7   Meganoticias, 〈Instalaron plantación de marihuana en medio de

quebrada: Narcos se apoderan de los cerros⟩, www.youtube.com/watch?v=MZZoCG88sfs

8   Ana María Sanhueza, "El Tren de Aragua: cómo la banda se instaló en Chile y las operaciones para desarticularla una y otra vez," EL PAÍS, 24 Sep 2023, elpais.com/chile/2023-09-24/el-tren-de-aragua-como-la-banda-se-instalo-en-chile-y-las-operaciones-para-desarticularla-una-y-otra-vez.html

9   Víctor García, "Golpe al Tren de Aragua en Chile: la organización criminal había comprado un autobús para transportar migrantes y droga," infobae, 23 May 2023, www.infobae.com/america/america-latina/2023/05/23/golpe-al-tren-de-aragua-en-chile-la-organizacion-criminal-habia-comprado-un-autobus-para-transportar-migrantes-y-droga/

10 El dínamo, "Las repercusiones hídricas que nadie imaginó del cultivo de marihuana en el mundo," 30 Apr 2015, www.eldinamo.cl/pais/2015/04/30/cultivo-marihuana-crisis-hidrica-sequia-cannabis/

11 Taylor Norris, "Narco-Deforestation and Its Climate Impact in Central America," TalkingDrugs, 13 Dec 2023, www.talkingdrugs.org/narco-deforestation-and-its-climate-impact-in-central-america/

12 Sean Mowbray, "All coked up: The global environmental impacts of cocaine," Mongabay, 4 Apr 2022, news.mongabay.com/2022/04/all-coked-up-the-global-environmental-impacts-of-cocaine/

13 LaPoliticaOnline, "Bullrich dijo que la droga de Argentina entra por Chile y abrió un conflicto con Boric," 16 Jan 2024, www.lapoliticaonline.com/internacionales/bullrich-chile/

14 Valentin Schmid, "Latin America Needs to End War on Drugs," The Epoch Times, 18 Jun 2016, www.theepochtimes.com/article/latin-america-needs-to-end-war-on-drugs-2094953?gad_source=1&gclid=CjwKCAjwt-OwBhBnEiwAgwzrUl-JUM3C-2ZWKZ1Np60ViUFNHonueFgT6CifsF0Bv PU7uQSWFW5OVxoCX6kQAvD_BwE&fbclid=IwAR3kQWNBS5oAfFHjy m2JyYQvQW25Rczw4xq83kvbOs8jbJhys5c7eGIrmnA

15 United Nations, "Office on Drugs and Crime-Mexico, Central America and the Caribbean," www.unodc.org/unodc/en/drug-trafficking/mexico-central-america-and-the-caribbean.html

4장 칠레인의 일상 풍경

1 | 칠레는 커피? 칠레는 와인!

1   Ventas Cafeteros, "El Café en Chile: Una Revolución en Tazas," CAFETEROS CHILE, 15 Sep 2023, www.cafeteroschile.cl/blogs/blog-cafetero/el-cafe-en-chile-una-revolucion-en-tazas#:~:text=Chile%20no%20cuenta%20con%20las,en%20torno%20a%20esta%20bebida.

2   Euromonitor, "Coffee in Chile," Dec 2023. www.euromonitor.com/coffee-in-chile/report

3   Kate MacDonnell, "Chilean Coffee: Flavors, History & Brewing Tips," 23 Jan 2024, Coffee Affection, coffeeaffection.com/chilean-coffee/

4   Agenda País, "El excesivo consumo de azúcar en Chile," 6 Jun 2019, *elmostrador*, www.elmostrador.cl/agenda-pais/2019/06/06/el-excesivo-consumo-de-azucar-en-chile/#:~:text=Chile%20se%20encuentra%20en%20segundo,de%20la%20Salud%20(OMS).

5   Datasur, "Caña de Azúcar en Chile: Tendencias y Perspectivas," *Datasur*, 2 Ago 2023, www.datasur.com/cana-de-azucar-en-chile/

6   Marco Campos, "Chilean fresh fruit export volume down, value up in 2023," *Bluebook*, 27 Nov 2023, www.producebluebook.com/2023/11/27/chilean-fresh-fruit-export-volume-down-value-up-in-2023/#:~:text=During%20the%20January%2DOctober%202023,value%2C%20as%20reported%20by%20Odepa.

7   International Trade Administration U.S. Department of Commerce, "Chile-Country Commercial Guide: Agricultural Sector," 7 Dec 2023, www.trade.gov/country-commercial-guides/chile-agricultural-sector

8   Memoria Chilena, "La Encomienda," www.memoriachilena.gob.cl/602/w3-article-685.html

9   pochteca Chile, "EL CAMBIO CLIMÁTICO Y SUS REPERCUSIONES EN LA AGRICULTURA," 3 Jan 2023, chile.pochteca.net/el-cambio-climatico-y-sus-repercusiones-en-la-agricultura/

10   Ministerio de Agricultura, "¿Qué pasa con el clima?: Próximos escenarios y rol "estratégico" de la Agricultura Familiar Campesina," 25 Jul 2023, www.indap.gob.cl/noticias/que-pasa-con-el-clima-proximos-escenarios-y-rol-estrategico-de-la-agricultura-familiar

2 | 타코 없는 남미 나라

1   Chile Travel, "Completo o ≪hotdog≫ chileno: uno de los platos más queridos en el país," 8 Mar 2023, www.chile.travel/diario-de-viajes/completo-hotdog-chileno-uno-de-los-platos-mas-queridos-de-chile/

3 | 홀로서야만 하는 어머니

1   Jorge Guaneme Pinilla, "Hijos de la Chingada El complejo de hibridismo latinoamericano," *Universitas Humanística*, 37(37), 2004.

2   Sonia Montecino, "Símbolo mariano y constitución de la identidad femenina en Chile," *Estudios públicos*, 39, 1990.

3   Anhelito, "Incrementa el número de madres solteras en Chile," 10 Oct 2011, blumenkron.wordpress.com/2011/10/10/incrementa-el-numero-de-madres-solteras-en-chile/

4   Universidad de Playa Ancha, "Estudio revela que un 73% de las mujeres en Chile se hace cargo de su familia," www.upla.cl/noticias/2019/08/02/estudio-revela-que-un-73-de-las-mujeres-en-chile-se-hace-cargo-de-su-familia/

5   ESCUELA DE MEDICINA, PONTIFICIA UNIVERSIDAD CATÓLICA DE CHILE, "Infarto al corazón: la principal causa de muerte en mujeres chilenas," 5 Feb 2019, medicina.uc.cl/noticias/infarto-al-corazon-mujeres-chilenas/#:~:text=Aproximadamente%20una%20de%20cada%20tres%20mujeres%20fallecen%20por%20enfermedades%20cardiovasculares%20en%20Chile.

4 | 가능하지도 불가능하지도 않은 임신중지

1   Planned Parenthood, "El acceso al aborto en América Latina," 23 Oct 2023, www.plannedparenthood.org/es/blog/el-acceso-al-aborto-en-america-latina

2   Center for Reproductive Rights, 2023, "Latin America and the Caribbean," reproductiverights.org/our-regions/latin-america-caribbean/

3   Marina Dias · Terrence McCoy, "By bus, car and plane, women journey across Latin America for abortions," *The Washington Post*, 23 Feb 2024, www.washingtonpost.com/world/2024/02/23/brazil-latin-america-abortion-restrictions/

4 Andrea Dip, "'The time is now': Inside Brazil's fight to decriminalize abortion," *open Democracy*, 5 Dec 2023, www.opendemocracy.net/en/5050/brazil-fight-abortion-decriminalize-supreme-court-lula-justice-weber-barroso/

5 MundoSur, "¿Cuál es la situación del aborto en América Latina?," mundosur.org/cual-es-la-situacion-del-aborto-en-america-latina/

6 MundoSur, "¿Cuál es la situación del aborto en América Latina?," mundosur.org/cual-es-la-situacion-del-aborto-en-america-latina/

7 MundoSur, "¿Cuál es la situación del aborto en América Latina?," mundosur.org/cual-es-la-situacion-del-aborto-en-america-latina/

5 | 다정다감한 마초이즘

1 Paulina Sepúlveda, "Machismo en Chile: 4 de cada 10 personas considera que el lugar más adecuado para la mujer es su casa con su familia," *LA TERCERA*, 10 Oct 2020, www.latercera.com/que-pasa/noticia/machismo-en-chile-4-de-cada-10-personas-considera-que-el-lugar-mas-adecuado-para-la-mujer-es-su-casa-con-su-familia/7JB74S2NX5BGVAQIUBZ7TF2FLM/

2 Marta Mensa · Jean M. Grow, ""Now I can see": creative women fight against machismo in Chilean advertising," 15 Dec 2021, www.emerald.com/insight/content/doi/10.1108/GM-04-2021-0098/full/html

3 Encuesta Bicentenario, www.ciperchile.cl/wp-content/uploads/Encuesta-Bicentenario-2020-FINAL.pdf

4 Servicio Nacional de la Mujer y la Equidad de Género, "Femicidios," www.sernameg.gob.cl/?page_id=27084

5 World Bank Group, Gender Data Portal, "Chile," genderdata.worldbank.org/countries/chile/#:~:text=In%20Chile%2C%20the%20labor%20force,labor%20force%20participation%20has%20increased

6 Alejandro Astudillo Jiménez · Macarena Aburto Campos · Grey Acuña Huircan · Grace Arce López, BRECHA SALARIAL ENTRE HOMBRES Y MUJERES EN CHILE, *REVISTA CHILENA DE ECONOMÍA Y SOCIEDAD*, 6(1), jun 2022. rches.utem.cl/wp-content/uploads/sites/8/2022/08/05-revista-CHES-vol16-n1-2022-88-111.pdf

7 Datosmacro.com, "Chile - Esperanza de vida al nacer," datosmacro.expansion.com/demografia/esperanza-vida/chile

8　Elisa Cabezón, "El tabú del cambio de la edad legal de jubilación para mujeres," *CIPER*, Jan 1 2023, www.ciperchile.cl/2023/01/17/el-tabu-del-cambio-de-la-edad-legal-de-jubilacion-para-mujeres/

9　Encuesta Bicentenario, www.ciperchile.cl/wp-content/uploads/Encuesta-Bicentenario-2020-FINAL.pdf

10　Lionel Poussery, "Pablo Simonetti: 'La dictadura en Chile impuso un modelo cultural machista'," *FRANCE24*, 2023 Dec 11, www.france24.com/es/programas/la-entrevista/20231211-pablo-simonetti-la-dictadura-en-chile-impuso-un-modelo-cultural-machista

6 | 꿈틀대는 아시안 혐오

1　Evelyn Hu-DeHart, "Asian Diasporas to Latin America and the Caribbean," *LASA FORUM*, 52(3), forum.lasaweb.org/files/vol52-issue3/Dossier-3.pdf

2　Kikamura-Yano·Akemi, ed., *Encyclopedia of Japanese Descendants in the Americas: An Illustrated History of the Nikkei*, Walnut Creek: Altamira Press, 2002.

3　국가기록원, 〈재외 한인의 역사〉, theme.archives.go.kr/next/immigration/economicMigrant.do

5장 칠레의 미래

1 | 인터넷 세대, 세상을 만나다

1　The Global Economy.com, "Internet users – Country rankings," www.theglobaleconomy.com/rankings/internet_users/Latin-Am/#:~:text=Internet%20users%2C%20percent%20of%20population,countries%20where%20data%20are%20available.

2　Edén Medina, "DISEÑAR LA LIBERTAD, REGULAR UNA NACIÓN. EL SOCIALISMO CIBERNÉTICO EN EL CHILE DE SALVADOR ALLENDE," *REDES*, 20(38), 2014, 123-166. www.redalyc.org/articulo.oa?id=90745924004

3　statista, "¿Qué países de América Latina y el Caribe tienen mayor velocidad de internet?," es.statista.com/grafico/18015/paises-latinoamericanos-con-mejor-velocidad-de-internet/

4   Stéphanie Chevalier Naranjo, Statista, 14 Sep 2022, "¿Qué países de América Latina y el Caribe tienen mayor velocidad de internet?," es.statista.com/grafico/18015/paises-latinoamericanos-con-mejor-velocidad-de-internet/

5   FIERCE Network, "Report: Chile led Latin America's Internet penetration in 2010," www.fiercetelecom.com/telecom/report-chile-led-latin-america-s-internet-penetration-2010

6   Cristian Cabalin-Quijada, "Estudiantes conectados y movilizados: El uso de Facebook en las protestas estudiantiles en Chile," *Comunicar: Revista Científica de Comunicación y Educación*, 22(43), 2014, 25-33. www.revistacomunicar.com/indice/abstract.php?numero=43-2014-02

7   PONTIFICIA UNIVERSIDAD CATÓLICA DE CHILE, "Estudio revela alta dependencia de los adolescentes chilenos con internet y las redes sociales," www.uc.cl/noticias/estudio-revela-alta-dependencia-de-los-adolescentes-chilenos-con-internet-y-las-redes-sociales/

8   UNIVERSIDAD SANTO TOMÁS, "EL 85% DE LOS JÓVENES SE CONECTA A INTERNET TODOS LOS DÍAS Y EL 37% NO TRABAJA SEGÚN RESULTADOS DE ÚLTIMA ENCUESTA NACIONAL DE LA JUVENTUD," enlinea.santotomas.cl/actualidad-institucional/mundo-santo-tomas/el-85-de-los-jovenes-se-conecta-a-internet-todos-los-dias-y-el-37-no-trabaja-segun-resultados-de-ultima-encuesta-nacional-de-la-juventud/45599/

9   Alexandra Borgeaud, "Most frequently used devices to access the internet in Chile in 2019, by generation," 31 Mar 2023, www.statista.com/statistics/1178611/most-frequently-used-devices-access-internet-chile-generation/

10 Statista Research Department, "Número de usuarios de Twitter en Chile de 2019 a 2028," 13 Jun 2024, es.statista.com/estadisticas/1369690/numero-de-usuarios-de-twitter-en-chile/

11 Statista Research Department, "Las redes sociales en Chile - Datos estadísticos," 3 Mar 2024, es.statista.com/temas/10669/redes-sociales-en-chile/#topicOverview

12 Wonjung Min, "Receiving Unfamiliar Culture in Post-Colonial Latin America in the Digital Age: Interpretations of Anime, Manga, and K-pop by Chilean Fans," in Jin, Dal Yong(Ed.), *The Routledge Handbook of Digital Media and*

Globalization, Routledge, 2021, 222–229.

13   ADN Radio, "Informe del Ministerio del Interior apunta a influencia del 《K-Pop》 en el estallido social," 22 Dec 2019, www.adnradio.cl/nacional/2019/12/22/informe-del-ministerio-del-interior-apunta-a-influencia-del-kpop-en-el-estallido-social-3994326.html

2 | 능력보다는 출신?

1   EducaLT, "Las carreras mejor pagadas en Chile 2024," www.educalt.com/carreras-mejor-pagadas-chile-2022/

2   EducaLT, "Las carreras mejor pagadas en Chile 2024," www.educalt.com/carreras-mejor-pagadas-chile-2022/

3   EducaLT, "Las carreras mejor pagadas en Chile 2024," www.educalt.com/carreras-mejor-pagadas-chile-2022/

4   EducaLT, "Las carreras mejor pagadas en Chile 2024," www.educalt.com/carreras-mejor-pagadas-chile-2022/

5   Ministerio de Hacienda, "Escala de Remuneraciones," www.hacienda.cl/transparencia/2021/per_remuneraciones.html

6   Verónica Reyes, "INE revela ingreso laboral promedio en Chile: en 4 regiones es más alto y destaca el de Sector Público," biobiochile.cl, 16 Aug 2023, www.biobiochile.cl/noticias/economia/actualidad-economica/2023/08/16/ine-revela-ingreso-laboral-promedio-en-chile-en-4-regiones-es-mas-alto-y-destaca-el-de-sector-publico.shtml

7   SEBASTIÁN DOTE · MARÍA VICTORIA AGOUBORDE, "Chile sube el salario mínimo a 500.000 pesos, su tercera alza en un año," *EL PAÍS*, 02 Jul 2024, elpais.com/chile/2024-01-04/salario-minimo-en-chile-como-avanzara-el-aumento-para-llegar-al-monto-maximo-fijado-para-2024.html

8   Cristian Latorre, "¿Cuánto ganan los profesores en Chile? Conoce el sueldo promedio," *red news*, 14 Oct 2023, redgol.cl/tendencias/conoce-el-sueldo-promedio-de-un-profesor-en-chile-docencia-sueldos-carreras-pedagogia-20231012-RDG-159558.html

9   Cristian Latorre, "¿Cuánto ganan los profesores en Chile? Conoce el sueldo promedio," *red news*, 14 Oct 2023, redgol.cl/tendencias/conoce-el-sueldo-promedio-de-un-profesor-en-chile-docencia-sueldos-carreras-

pedagogia-20231012-RDG-159558.html

10 Empresas que informan a la Comisión para el Mercado Financiero, "CUARTO REPORTE DE INDICADORES DE GÉNERO EN LAS EMPRESAS EN CHILE 2022," www.economia.gob.cl/wp-content/uploads/2023/03/original-cuarto-reporte-indicadores-genero-2022-digital.pdf

11 ChileAtiende, "Iniciar jubilación," www.chileatiende.gob.cl/hito-vida/Iniciar+jubilaci%C3%B3n/Realice+el+proceso+de+jubilaci%C3%B3n#:~:text=Tener%2060%20a%C3%B1os%2C%20si%20es,anticipada%20por%20realizar%20trabajos%20pesados.

12 Wonjung Min, "The 1.5th and 2nd generations in Chile: Am I a Korean?," in Han Eun Jeong, Han Min Wha & Lee Jonghwa(Eds.), *Korean Diaspora Across the World: Homeland in history, memory, imagination, media, and reality*, Lexington Books, 2019, 113-128.

13 DIARIO FINANCIERO, "Tasa de desempleo nacional llega a 8.4% en trimestre noviembre-enero y sube nuevamente en 12 meses," 28 Feb 2024, www.df.cl/economia-y-politica/laboral-personas/tasa-de-desempleo-nacional-llega-a-8-4-en-trimestre-noviembre-enero-y#

3 ㅣ 결혼 말고 시민결합

1 "Presidente Boric e Irina Karamanos ponen término a su relación sentimental tras cuatro años en pareja," *La Tercera*, 16 Nov 2023, www.latercera.com/politica/noticia/presidente-boric-e-irina-karamanos-ponen-termino-a-su-relacion-sentimental-tras-cuatro-anos-en-pareja/DC7DTERUGBBZXKPRV42Y3NK5IY/?md5=e00e7e83bf8e8c26f63d8d1bda0ba2ab

2 ChileAtiende, "Ley de Matrimonio Igualitario," www.chileatiende.gob.cl/fichas/101164-ley-de-matrimonio-igualitario#:~:text=La%20ley%2C%20publicada%20en%20el,asistida)%20a%20las%20familias%20homoparentales.

3 María José Torres, "En edad madura: estudio del INE reveló la edad en que los chilenos prefieren casarse," *La Hora*, 21 Mar 2024, lahora.cl/cronica/2024/03/21/en-edad-madura-estudio-del-ine-revelo-la-edad-en-que-los-chilenos-prefieren-casarse/

4 "Matrimonios en Chile registran la cifra más alta en más de una década," *La Tercera*, 23 Jan 2023, www.latercera.com/que-pasa/noticia/matrimonios-

en-chile-registran-la-cifra-mas-alta-en-mas-de-una-decada/FHEXRJY
Q4VHEPPFVWNPHZI5SVQ/#:~:text=En%202021%2C%20la%20cifra%20
mejor%C3%B3,en%20m%C3%A1s%20de%20una%20d%C3%A9cada

5   Francisco Corvalán, "Cada día los chilenos prefieren más los Acuerdos de
    Unión Civil que los matrimonios para casarse," *La Tercera*, 16 Apr 2024, www.
    latercera.com/que-pasa/noticia/acuerdos-de-union-civil-poco-a-poco-
    desplazan-a-matrimonios-como-la-principal-forma-de-casarse-en-el-
    pais/ZKC6DVKTBVH2BFS4EFAY2XFQ4Q/#

6   Alejandra Ramm, *Unmarried cohabitation among deprived families in Chile*
    (Doctoral dissertation), 2013.

7   World Bank Group, "Fertility rate, total (births per woman)-Chile," 2022, data.
    worldbank.org/indicator/SP.DYN.TFRT.IN?locations=CL

8   Krysten Crawford, "Stanford study identifies another explanation for the
    'marriage premium'," *Stanford Report*, 14 Apr 2021, news.stanford.edu/
    2021/04/14/study-identifies-another-explanation-marriage-premium/

9   World Population Review, "Out of Wedlock Births by Country 2024,"
    worldpopulationreview.com/country-rankings/out-of-wedlock-births-by-
    country

10 Steve Anderson, "Most births in chile out of wedlock," UPI ARCHIVES, 2 Oct
    2000, www.upi.com/Archives/2000/10/02/Most-births-in-chile-out-of-
    wedlock/2418970459200/

4 | 칠레 사회를 뒤흔드는 한류

1   GAM, "K-POP," gam.cl/en/visit-us/patio/communities/k-pop/

2   "Maratón K-Pop en Chile Centro Cultural GAM". CHV Noticias, 6 Feb 2013,
    www.youtube.com/watch?v=AfgtK5-itlU

3   Wonjung Min, "The Perfect Man: The Ideal Imaginary Beauty of K-pop Idols
    for Chilean Fans," *Seoul Journal of Korean Studies*, 34(1), 2021, 159-194.

4   Wonjung Min·Dal Yong Jin·Benjamin Han, "Transcultural Fandom of the
    Korean Wave in Latin America: through the Lens of Cultural Intimacy and
    Affinity Space," *Media, Culture & Society*, 41(5), 2019, 604-619. First Published
    Online 14 Sep 2018.

5   Wonjung Min, "Korean Wave [한류]," in W. Min(Ed.), *Estudios coreanos para
    hispanohablantes: un acercamiento críico, comparativo e interdisciplinario* [에

스파냐어 화자를 위한 한국학. 비판적, 비교적, 통합적 접근], Santiago, Chile: Ediciones UC. 2015, 63–79.

6   Wonjung Min, "Korean Wave [한류]," in W. Min(Ed.), *Estudios coreanos para hispanohablantes: un acercamiento críico, comparativo e interdisciplinario* [에 스파냐어 화자를 위한 한국학. 비판적, 비교적, 통합적 접근], Santiago, Chile: Ediciones UC. 2015, 74.

7   Wonjung Min·Dal Yong Jin·Benjamin Han, "Transcultural Fandom of the Korean Wave in Latin America: through the Lens of Cultural Intimacy and Affinity Space," *Media, Culture & Society*, 41(5), 2019, 604–619, First Published Online 14 Sep 2018; Min, W., Mis Chinos, "Tus Chinos: The Orientalism of Chilean K-pop Fans," *International Communication Gazette*, 83(8), 2021, 799–817, First Published Online 2 Jun 2020.

8   Wonjung Min, "Reworking the Cultural Imaginary: K-Pepsi Chile, Neo K-Pop, and Exoticized Otherness," *Seoul Journal of Korean Studies*, 35(1), 2022, 75–95.

9   GAM, "K-POP," gam.cl/en/visit-us/patio/communities/k-pop/

이미지 출처

Adobe Stock 139

alamy 69, 118

amaiketako.blogspot.com 159

catcomm.org 46

elmostrador.cl 178

flickr.com 28, 164

historia1imagen.cl 41

iStock 168

ohstgo.cl 34

Pontificia Universidad Católica de Chile 104

Shutterstock 14, 16, 20, 22, 47, 60, 70, 74, 90, 98, 107, 124, 127, 134, 147, 156, 157, 160

thefidgetyfoodie.com 115

tierramarillano.cl 152

Wikimedia Commons 18, 32, 50, 56, 74, 80, 84, 85, 113

민원정 78, 211

놀랍도록
길어서
미치도록
다양한
칠레

1판 1쇄 발행일 2024년 8월 19일

지은이 민원정

발행인 김학원
발행처 (주)휴머니스트출판그룹
출판등록 제313-2007-000007호(2007년 1월 5일)
주소 (03991) 서울시 마포구 동교로23길 76(연남동)
전화 02-335-4422 **팩스** 02-334-3427
저자·독자 서비스 humanist@humanistbooks.com
홈페이지 www.humanistbooks.com
유튜브 youtube.com/user/humanistma **포스트** post.naver.com/hmcv
페이스북 facebook.com/hmcv2001 **인스타그램** @humanist_insta

편집주간 황서현 **편집** 최인영 이영란 **디자인** 차민지
조판 홍영사 **용지** 화인페이퍼 **인쇄** 청아문화사 **제본** 민성사

ⓒ 민원정, 2024

ISBN 979-11-7087-235-1 03950